어머니 기도학

홍림의 마음

넓고 붉은 숲이라는 중의적 의미를 닮고 있는 <홍림>은, 세상을 향해 그리스도인들이 추구해야할 사유와 그리스도교적 행동양식의 바람직한 길을 모색하고자 노력하고 있습니다. 폭넓은(洪) 독자층(林)을 향해 열린 시각으로 이 시대 그리스도인의 역할 고민을 감당하며, 하늘의 소망을 품고 사는 은혜 받은 '붉은 무리'(洪林:홍림)로서의 숲을 조성하는데 <홍림>이 독자 여러분과 함께하고자 합니다.

어머니기도학

지은이 | 조정칠
1판 1쇄 인쇄 2016년 8월 15일
1판 1쇄 발행 2016년 8월 20일

펴낸곳 | 홍 림
펴낸이 | 김은주
등록 _ 제 312-2007-000044호17
주소 _ 서울특별시 서대문구 거북골로14길 60
전자우편 _ hongrimpub@gmail.com
전화 _ 070-4063-2617
팩스 _ 070-7569-2617
블로그 _ http://blog.naver.com/hongrimpub
트위터 _ http://mobile.twitter.com/@hongrimpub

값은 표지에 있습니다.
ISBN 978-89-6934-009-2 (03230)

이 책은 저작권법에 의하여 한국 내에서 보호를 받는 저작물이므로 무단전재와 복제를 금합니다.

어머니 기도학

조정칠 지음

홍림

내가 쓰는 어머니 기도학은 어머니의 기도를 소개하는 것이 아니다. 어머니의 기도를 추억하는 것이다. 이전에 쓴 『어머니 목회학』은 어머니의 정신을 배워 목회를 하던 보고서로 후배들에게 도움이 되기를 바라는 마음에서 정리한 것이었다.

나는 그 목회학으로 지금까지 교회를 섬기는 중이다. 그러면서 한 가지 더 전해 주고 싶은 것이 있다. 『어머니 기도학』이다. 나의 목회 60년은 오로지 어머니 효과였다. 그 중에 기도가 압권이었다. 그래서 『어머니 목회학』 후편으로 이 글을 쓰기로 했다. 나의 어머니가 하는 기도는 은밀했다. 나는 하나님께서 은밀한 기도를 즐겨 들으신다고 믿는다.

한번은 내가 어머니께 무슨 기도를 그렇게 많이 하시는지 여쭈었다. 어머니는 말해 줄 수 없다고 했다. 꼭 알고 싶거든 직접 하나님께 물어 보라고 했다. 어머니는 당신의 기도는 하나님께만 고하는 것이라 했다. 이미 그 기도는 하나님의 소관인 것이고 다른 이가 침범할 수 없는 그 어떤 것이다. 기도는 내용이 아니라 응답이다.

　그렇게 은밀히 기도하시던 어머니에게 한 가지 예외가 있었다. 그것은 자신의 임종에 관한 예고였다. 어머니는 언젠가 내게 당신은 죽기 전 날 단 하루만 앓고 다음 날 죽을 거라고 했다. 그러니 당신이 죽는 것은 걱정 말라고 했다.

　나는 1979년 10월 29일 미국으로 떠나면서 어머니와 작별을 했다. 그날 어머니는 건강하셨다. 그런데 나와 작별한 다음 날 어머니는 갑자기 쓰러졌다. 가족들이 급히 병원으로 모시고 갔고, 응급실에서 치료를 받은 어머니는 의식을 회복했다. 가족들은 며칠 입원하기를 바랐다. 그런데 담당 의사가 입원할 이유가 없다고 퇴원을 명했다. 어머니는 그렇게 하루만 앓고 그 다음 날 세상을 떠나셨다.
　그렇듯 확실한 어머니의 기도를 생각하면서 나는 은밀하게 갚으시는 하나님을 증거하기로 했다. '기도를 들으시는 하나님'이시다. 나는 내게 있는 기량을 다 하여 어머니가 평생 바친 기도의 깊은 세계를 그림 그리듯 기록하고 싶었다.

　이번에도 좋은 책을 만들기에 최선을 다하는 홍림에 신세를 지려고 한다. 시대를 앞서가는 책임이 강한 김은주 대표님께 많은 독자들의 각광이 답지하기를 기대한다.

세계여성의 날에

❀ 차 례 ❀

서문

‖1부 피난처 있으니

1 기도의 집 명가 고옥　　　　　　　　　　　　　11

기도하는 내가 아니라 들으시는 분을 더 생각하는 것이
바른 신앙이다

2 어머니의 기도　　　　　　　　　　　　　　　29

"아들은 목사가 될 것이오"

3 내 고향은 대구 칠성동, 나는 도시형 목사　　　49

복음은 사람을 찾아간다

4 좋은 준비 된 길을 간다　　　　　　　　　　　65

"주의 종은 자기가 길을 닦는 것이 아니다"

5 아버지의 주기도　　　　　　　　　　　　　　93

기도는 청구가 아니라 위탁이다

6 귀향민 촌 교회　　　　　　　　　　　　　　105

가난했지만 그래서 좋았다

7 어머니 빚 청산　　　　　　　　　　　　　　127

평생에 지은 두 개의 빚

2부 눈을 들어 산을 보다

8 나는 미국, 어머니는 천국   139
오늘을 위한 그 옛날의 기도

9 눈을 들어 산을 보다   153
시간을 정해놓고 일을 계획하지 않는다

10 다시 조국으로   165
시력을 잃다

11 제4의 세계   191
새 것이 아니면 설교하지 않는다

12 대학으로 가다   203
어머니 타워와 기도학

13 십년 공부 남은 숙제   215
은퇴는 실직이 아니라 노력에 대한 삶의 보상이다

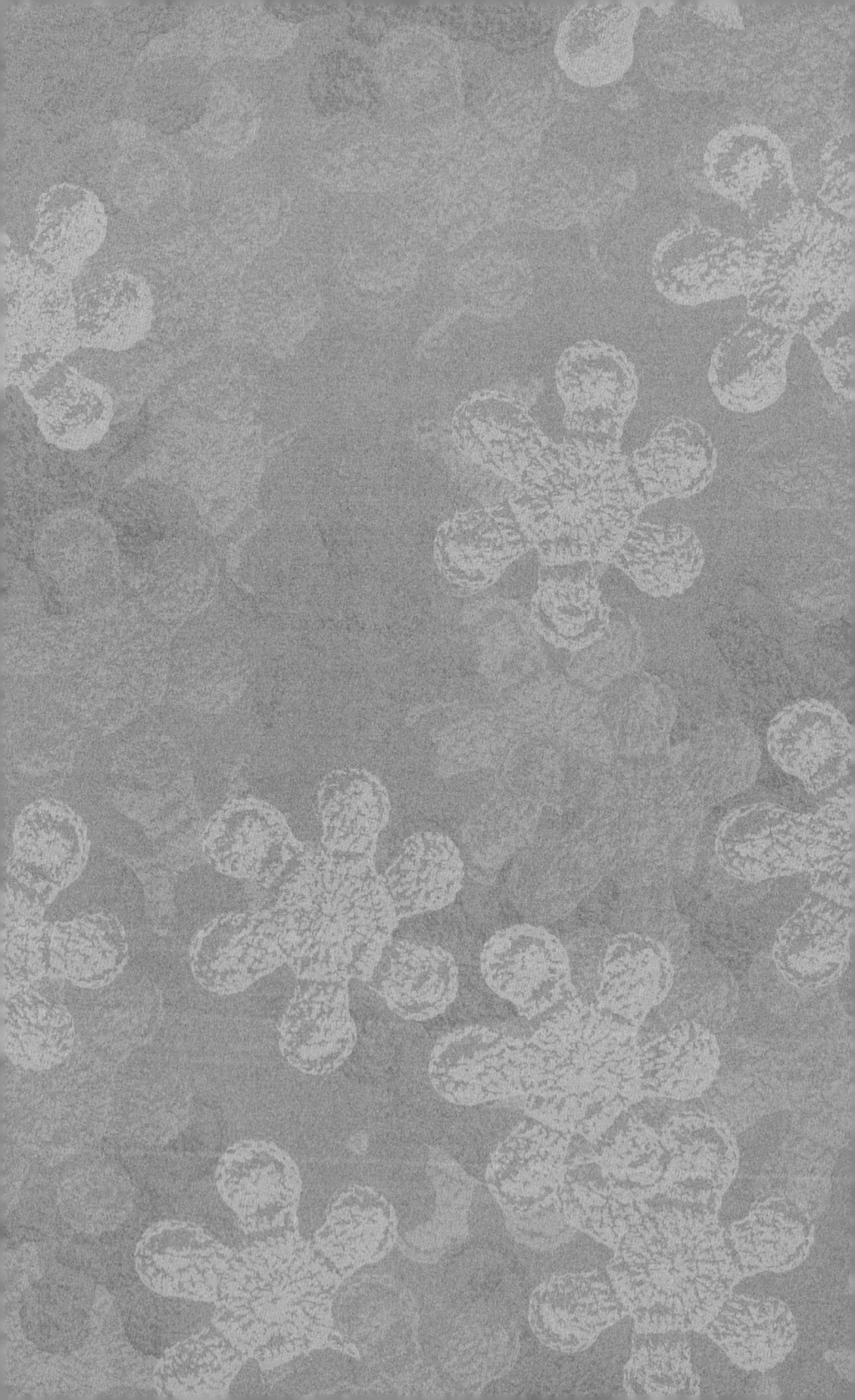

PART 01

피난처 있으니

찬송가를 통채로 빼앗아가도 다 외우면 그만이라고 했다

● ● ● ●

일본 경찰이 집을 수색하여 어머니의 찬송가를 압수해 갔다. 검열을 받아서 쓰라고 했으나 목적은 탄압이었다.

그래서 찬송가의 그런 의혹이 있는 곳은 다 지웠다. 어머니는 군데군데 시꺼멓게 지운 찬송가를 펼쳐놓고 찬송을 불렀다. 글씨가 전혀 보이지 않아도 펼처 놓았다.

그런 찬송가는 다 외우고 있다고 했다. 어머니는 그런 찬송은 계속 부르면 다시 붙잡아 가도 가면서 더 큰소리로 부를 것이라고 했다.

찬송가를 통채로 빼앗아가도 다 외우면 그만이라고 했다.

기도의 집
명가 고옥

기도하는 내가 아니라 들으시는 분을
더 생각하는 것이 바른 신앙이다

　내가 어머니를 따라서 기도하러 가던 교회당은 평범한 가옥과는 비교가 되지 않는 명가였다. 우람하고 위풍 당당한 고대 광실 같았다. 마당에서 여섯 자 높이의 누대가 집을 받치고 있었고, 마당에서 한 계단씩 딛고 올라가서 실내로 들어서면 육중한 가둥이 두 줄로 서서 제일 먼저 반겨줬다. 한 아름이 넘는 투박한 기둥이 듬성 듬성 늘어서서 손님을 맞았다.
　넓은 공간은 장정이 백 명 넘게 앉아도 넉넉했다. 근처 마을 민가에서는 볼 수 없는 그런 건물이었다. 외형은 산속에서나 볼 수 있는 사찰과 흡사했다. 튼튼한 원목을 깎아서 만든 마룻바닥은 고풍과 부티가 장관이었다. 두 줄로 늘어선 기둥 위로는 황소 허리보다 더 굵은 들보가 얹혀있었다. 그런 넓고도 높은 집을 교회가 점유하고 있는 것이 예사롭지 않았다.

그런 것을 본 일본인들이 심술이 날 것은 당연했다. 그래서 그것을 빼앗기 위해 꾀를 부리기 시작했다. 우선 조선 사람들이 좋아할 명분을 찾아서 징발을 했다. 마을은 속한 도시에서 최북단에 위치하고 있었다. 거기는 관청이 멀어서 많이 불편했는데 그런 핑계로 교회당을 관청의 북부 출장소로 사용하게 했다. 주민들에게는 관청이 가까워서 편리했을지 모르나 교인들의 타격은 말로 다할 수 없었다. 일본은 일석이조의 이득을 본 셈이다. 눈에 가시같던 교회를 제거했으니 통쾌했을 테지만 그런 만행도 오래 가지 못했다. 일본이 패전하고 조국이 해방 된 것이다.

그러고나서 교회는 옛모습을 다시 찾을 수 있었다. 복잡한 관청 구조를 철거하고 교회 모습으로 복원했다. 깔끔하게 손질하여 성전으로 회복한 후의 감동은 말로 형용하기 어려웠다. 교회를 사모했던 사무친 눈물로 닦아낸 그 윤기와 깨끗한 빛깔이 황홀했다. 모든 것이 교인들의 마음을 대변해 주는 것 같았다.

여성도들의 고운 솜씨로 어루만지듯이 닦아놓은 마룻바닥은 함부로 덥썩 앉기가 조심스러웠다. 울타리로 심어서 울창한 탱자나무 담장은 깔끔하게 전질하여 다듬었다. 남쪽으로 향한 본관 전면은 창문마다 고운 커튼으로 장식했다. 뜨락을 돌아가며 작은 꽃나무를 심어 눈이 부실 지경이었다. 그리고 뒷산의 푸른 소나무는 북풍을 막고 서 있는 늠름한 요새처럼 아늑했다.

교회는 한 때 그 지방에서 제일가는 C부잣집 제실이었다. 경남 밀양에 있는 영남루의 구조와 많이 닮았다고 알려졌다. 무슨 일로 그런 명가에서 교회로 쓰도록 배려 했는지 아무도 말해 주지 않아서 아는 바가 없다. 필경 말 못할 아픈 사연이 있었던 것 같다. 기독교 가문이 아닌 것만은 확실했다. 소문에 그 부자가 좋은 일을 해야 할 무슨 업보가 있다는 소문이 나돌았을 뿐이다. 그런 사연은 교회와 직접 관계가 있는 것은 아니었다. 그 가문의 내력은 알 수 없으나 오직 내게만은 그 곳이 신앙의 산실인 것만 같았다. 결국 교인들은 예배당으로 사용하던 그 집을 옛 주인에게 넘겨 주었다. 그리고 그 건물은 해체가 되었다. 한 번도 본래 뜻대로 쓰지도 못하고 오직 교회로만 한 시대를 썼던 것이다. 우리 교회는 마을 중앙으로 이전했다. 내게는 참으로 유서가 깊은 곳이다. 내 존재감이기 되기도 할, 내 뿌리 같은 옛집이다.

지금도 산자락에 돋아난 산초의 내음이 기억 속에 베어 있다. 팔순이 지나도 생생하게 그 곳의 전경이 눈에 선하고 몸에서 풍기는 풀 냄새가 추억을 자극한다. 거기서 있었던 일들은 모두가 기억에 살아 있다. 어릴 때 가졌던 신앙이 목사가 된 지금보다 훨씬 순수하고 좋았다. 그런 것을 잊을 만큼 늙지 않았으면 좋겠다. 그것은 한점도 거짓이 없는 나의 진심이다.

우리 교회는 일본이 강제로 문을 닫게 해서 얼마간의 방랑기를 겪어야 했다. 당시 나는 초등학교 일 학년이었는데 주일마다 여러 지역으로 교회를 찾아 다녀야 했다. 순례자처럼 떠돌아 다녔지만 힘이 들거나 외롭지는 않았다. 그 시절이 나에게는 신앙의 여명기가 아니었나 싶다. 그 무렵에 신앙의 박해를 목격하면서 신앙이 점점 더 영글게 된 것 같다. 그럴수록 어머니의 기도 골방은 더욱 뜨거워졌다. 교인들은 일경의 감시가 심하여 모임을 가질 수가 없었을 때였다. 예배 드리는 장소가 주일마다 바뀌었지만 어머니의 옆 자리면 어디라도 좋았다. 나는 차츰 나를 데리고 다니는 어머니가 힘들까봐 조바심이 생겼다.

그렇게 어머니와 함께 다니는 사이 나는 어머니를 내가 지켜 드려야겠다는 기특한 생각을 했다. 그러던 어느 날 일본 경찰이 집을 수색하여 어머니의 찬송가를 압수해 갔다. 검열을 받아서 쓰라고 했으나 목적은 탄압이었다. 이후 어머니는 찬송가에 그런 의혹이 있는 곳을 모두 지웠다. 어머니는 군데군데 시꺼멓게 지운 찬송가를 펼쳐놓고 찬송을 불렀다. 이상히 여긴 내가 묻자, 어머니는 그런 찬송가는 이미 다 외우고 있다고 했다.

어머니는 그런 찬송은 계속 부르면 다시 붙잡아 가도, 가면서 더 큰 소리로 부를 것이라고 했다. 찬송가를 통채로 빼앗아간다고 해도 외우고 있으면 상관없다고 했다. 이미 상당수의 교인들은 찬송을 그렇게 외우고 있었던 것 같다.

<피란처 있으니>라는 찬송가에는 '천하에 모든 것 망하겠네'라는 찬송 가사가 있다. 일경은 그런 가사가 일본이 폐망하기 바라는 저주라고 트집 잡았다. <만왕의 왕 예수>는 일본 천황을 모독한다고 협박했다. 일일이 다 거론할 수는 없으나 가사를 지운다고 신앙이나 마음까지 흔들어 놓을 수는 없었다. 하나님을 향한 열정은 그런 압박으로 끊어내지 못했다. 교인들의 찬송은 오히려 더 뜨거워졌다. 전쟁이 불황인지 일본군의 발악이 극심하여 사소한 것도 그냥 두지 않았다. 학교에 가면 수업 시간보다 근로 시간이 훨씬 많아졌다. 연합군의 폭격기가 고공으로 날아가는 것이 자주 보였다. 그런 반격이 종전의 임박을 암시하고 있었다. 그런데도 일본은 온갖 허황된 자랑을 늘어 놓

으며 우리를 속였다. 조회 때마다 일본이 연전 연승이라고 과장했다.

　드디어 꿈속에서도 소망하던 일본의 패전이 현실이 되었다. 그런데도 그들은 한동안 패전을 시인하지 않았다. 그러나 진실 앞에 일본은 무릎을 꿇었고 드디어 조국이 해방의 날을 맞았다. 우리나라 모든 교회의 문이 활짝 열린 날이었다. 사람들이 교회로 몰려 와서 만세를 불렀다. 교회는 밤에도 불을 켜고 오는 사람들을 맞아들이기에 바빴다. 부를 노래가 준비 된 것이 없어서 별의별 노래를 다 불렀으나 마냥 흥겹기만 했다.
　그리스도인들의 감격은 달랐다. 비그리스도인들의 감격에는 분노가 섞여 있었다. 교인들은 예배당에서 수시로 모여 감사의 눈물을 흘리며 기도를 했다. 밤과 낮 구분 없이 만세 소리가 온 나라를 진동시켰다. 교회로 몰려 든 성도들로 나라는 생기가 약동했다. 한동안 질서가 없어서 혼란이 있었고 수습하는데 시간이 제법 걸렸다. 가장 먼저 제 모습을 찾은 것은 새벽이었다. 교인들의 새벽 기도가 교회를 안정시켰으며 마음을 정돈케 했다. 본래 그 교회는 본동 사람들보다 타동 사람들이 더 많았다. 교회가 서 있는 그 동네 사람들이 몇 명밖에 없었다.

　마을은 S성 일족으로 구성 된 특색이 유별난 마을이었다. 그런데 S성을 가진 신자는 두세 집 뿐이었다. 다행히 장로 한 분이 S성이었다. 그리고 안수집사 한 분이 더 있었다. 그 외의 신도들은 주변에 둘러 싼 여러 마을 사람들이었다. 나는 S씨 외손이다. 아버지가 외가 쪽으로 분가를 하여 우리는 본적이 S동으로 되어 있었다.

교회는 다른 마을에서 오는 교인들이 대부분이라서 오는 데 시간이 좀 걸렸다. 본동에서는 시집을 온 며느리들이 더러 있었는데 나의 어머니의 경우도 시어머니 마을에서 교회를 다닌 셈이었다. 완고한 마을에 교회가 서 있는 것이 이해가 되지 않았지만 그 교회의 건물주도 S성이 아닌 C성 부자였다. 그래서 타성을 가진 C부자가 S성 본거지에 정착하기까지 문제가 있지 않았을까 추측하는 이도 있었다.

어쨌든 나와는 직접 관계가 없는 일이지만 고마울 뿐인 것은, 그 교회에서 해방과 자유를 얻었고 신앙이 자랐기 때문이다. 교회는 집회가 정상으로 시작 되자 옛날 교회 체제로 환원됐다. 일본에서 귀향한 B집사가 일본 고베시에서 복음 운동가로 활약하다가 돌아와 우리 교회 분위기는 전보다 더 일신했다.

그분이 주일학교 유년 부장이 되면서 주일학교도 크게 부흥했다. 고베신학교에서 공부를 한 적이 있어서 교육열이 대단했던 그분이 장로가 되고부터는 젊은 인재들의 활동이 눈에 띄게 활기를 띠었다. 나는 어린 나이였지만 그 뒤를 따르게 되었다.

B장로가 유년 부장으로 재직하던 시절이었다. 어느 주일 장로님이 나를 불러 편지지 한 면에 쓴 연설 원고를 보여 주면서 외워 오라고 했다. 주일학교가 끝난 열 시가 조금 지난 시간이었다. 성경 암송은 여러 번 해 봤으나 연설 원고는 처음이었던 내게 장로는 할 수 있겠느냐고 물어 보았다. 나는 하겠다고 대답했다. 장로는 그날 밤 예배 때 그 연설을 교인들 앞에 나가서 암송케 했다. 아이들은 없었다. 어른들의 박수를 많이 받기는 처음 같았다. 어머니는 고개를 숙이고 있었다. 물론 박수도 치지 않았다. 부장은 자기가 주일학교를 잘 가르치고 있으니

자녀들을 많이 보내라고 강조하였다. 이후 학생 수는 많이 늘었다. 이후로 나는 주일학교 홍보모델처럼 부장 장로의 총애를 받았다.

당시 부장의 어린 딸들이 주일학교에 다니고 있었다. 훗날 내가 목사가 되어 일본에 갔을 때 그 중 둘째 딸이 동경에 살고 있었다. 기업을 경영하는 아버지 친구의 며느리가 되어 시댁에서 사랑 받는 며느리가 되어 있었다. 아버지로부터 가장 사랑 받은 제자로 나를 기억하고 집에 초대를 했다. 나는 그날 귀빈 대접을 받았다. 그런데 식사 후 남편 되는 이가 나를 붙잡고 간절한 기도를 부탁했다. 자기들 부부는 행복하다고 했다. 그런데 결혼 후 수년이 지나도 그들 부부에게는 아기가 없었다. 부부가 모두 건강했지만 시간이 너무 길어지니 근심이 된다고 했다. 나는 그들 부부를 위해 간절히 기도했다. 귀국하고 다음 해에 기쁜 소식이 들려왔다. 출산으로 양가 가문에 경사가 났고 내게도 소식을 전해온 것이다.

나의 주일학교 졸업도 B장로가 부장으로 있을 때였다. 나는 주일학교 4년 동안 결석이 한 번 있었다. 아침에 함께 길을 나선 친구가 평소 다니던 길이 아닌 하천으로 둘러서 가자고 한 것이 화근이었다. 결국 친구를 따라갔던 나는 주일학교가 끝난 시각에 교회에 도착했다. 교회문 앞에서 마주친 장로는 면목이 없어 두려워하고 있던 내게 '고기 많이 잡았느냐'고 물었다. 그리고는 아무 말도 못하고 고개를 숙이고 있는 내 머리를 쓰다듬어 주고 돌아갔다. 나는 아직도 그때처럼 부끄러웠던 적이 없었다.

교회는 하루가 다르게 교회의 본래 모습으로 회복 되어 갔다. 나도 그 사이 초등학교 3학년이 되어 있었다.

나의 중생의 산실인 그 교회의 새벽 기도회는 자리가 부족할 정도로 뜨거웠다. 나는 어머니를 따라서 새벽 기도에 빠지지 않고 참석했다. 차츰 나 스스로 새벽을 깨우며 어른들과 함께 기도회의 일원으로 자라갔다. 때로는 내가 어머니보다 먼저 일어나 기도를 하고, 때로는 어머니보다 더 늦게 집에 돌아오기도 했다. 그때의 기도는 나의 평생을 좌우하게 되었다.

전교인이 다 가고 혼자 남아 통곡하며 기도하던 어느 날은 한 집사가 나를 흔들며 "애야 울지 말고 집에 가라."는 말을 할 정도로 당시 내가 받은 은혜는 컸다.

고대 광실 기도실에서 물려 받은 한 가지 보배로운 교훈이 있다. 그것은 신앙의 자유였다. 새벽 기도 때마다 사회자는 기도하지 않고 앉아 있는 교우들에게 개회 기도를 부탁했다. 당연히 인도자가 해야 할 기도지만 교인의 기도를 더 소중하게 여긴 것이다. 나는 거기서 자기 특권을 내려 놓는 미덕을 배웠다. 더욱 감동적인 것은 기도자를 지명하거나 이름을 부른 적이 없었다. 모든 교인을 차별하지 않으려는 배려였을 것이다. 누구든지 성령의 감동대로 기도했다. 좌중에서 누가 기도를 해도 상관이 없었다. 서로 기도하려고 경쟁하지도 않았다. 사회자가 기도하라고 말하면 한숨 또는 두어 숨 지날 무렵에는 자연스럽게 누군가 대표 기도를 했다.

독점하거나 욕심 부리는 사람도 없었다. 어느 날 새벽이었다. 서로 양보하느라 미루다가 시간이 길어졌는데 인도자가 얼마나 민망할까 싶어서 내가 준비도 없이 기도를 했다. 어린 주일학교 학생이 해도 넉넉히 받아 주는 분위기였던 것이다. 이때의 일을 교훈 삼아 나는 목회 중에 내가 사회를 보면서 개회 기도를 한 적이 없다. 대예배에서는 절대로 대표 기도를 하는 장로님 앞에 내가 먼저 기도하지 않는 원칙을 지켰다.

자유가 숨쉬는 교회가 그립다. 오늘의 교회는 사회하는 목사가 개회 기도를 독점한다. 그것은 너무 잘못된 관행이다. 전교인이 다 함께 묵도함으로 시작하는 예배가 가장 건강한 예배이기 때문이다. 교인 모두가 함께 개회 기도를 하는 것이야말로 얼마나 은혜롭고 하나님께 영광인가.

목사가 일관성 있게 예배를 주관하는 것이 나쁜 것은 아니다. 그러나 예배는 목사가 인도를 잘 하는 데 있는 것이 아니라 온 교인이 합심 하는 데 생명력이 있다. 두세 사람이 주님의 이름으로 합심하는 곳에 하나님도 함께 하신다. 합심을 목사가 방해할 때가 많은데, 그것이 목사의 독점, 독식, 독선일 가능성이 많다. 목사는 자기가 많은 수고를 한다고 생각할 것이다. 그러나 예배는 형식이 아니라 마음이다. 마음이 열려야 하며 그러기 위해서는 사회를 하는 목사부터 마음을 열고 교인을 인정해야 한다. 목사가 욕심을 부리면 교인들이 마음을 열기 어려워진다. 목사는 설교를 해야 한다. 다른 순서까지 주관하려는 욕심은 피하는 것이 옳다. 묵도 후에도 다음 순서를 진행해야 한다. 그런데 대부분의 목사가 다음 순서로 넘어가지 않고 거기서 다시 또 대표 기도를 한다. 그것은 묵도를 부정하는 행위거나 묵도를 방해하는 처사다. 아니면 묵도기도를 기도로 취급하지 않아서 생기는 오해일 것이다. 묵도야말로 기도 중에서 가장 중요한 기도이다. 첫 기도이기 때문이다. 또 공기도로 함께 예배에 입문하는 것이다. 독자의 기도로 본인도 동참하는 기도다. 그런 은밀한 묵도를 하나님께 드리는 것이 예배의 신령과 진정이다.

그래서 묵도를 처음 순서에 넣는다. 묵도가 기도 연습으로 알고 있거나 예배 무드를 유도하는 수단으로 보는지는 모르겠다. 그러나 나는 평생 묵도 후에 내가 끼어든 적이 없었다. 대표 기도를 해야 할 장로가 만반의 준비를 하고 기다리고 있는 줄 알면서 목사가 앞질러 장로가 할 기도를 다 하는 것은 기도 폭력이다. 나의 어머니는 목사만큼 센스 없는 사람은 세상 어디에도 없다며 내게 경고한 적이 있다.

목사가 눈치 없게 독주 독식 독선을 분간 못하는 예배를 많이 본다. 교인을 존중하는 자유를 아는 목사가 참 목사라는 것이 나의 지론이다. 그런 목사는 잘 나타나지 않아서 유명세를 타지 못하며 교인이 알고 하나님이 아신다. 오늘의 교회가 신의 권위를 빙자하여 교인의 인권을 예사로 짓밟는데, 옛날 우리 교회는 설교자가 '여러분'이라는 말도 쓸 줄 몰랐다. 또 '부형'이라는 호칭으로 교인을 높였다.

아버지 형님 어머님 누님으로 교인들을 존대했다. 단 한 명의 교인도 손 아래 사람으로 취급한 적이 없었다. 이것이 모든 사람을 나보다 높게 여기는 성경의 정신이다. 사도들은 그런 마음으로 교인들을 대우했다. 지금은 교인을 동생이나 자식처럼, 아니면 자기 제자로 낮게 보는 시대가 아닌가 싶다.

해방이 되던 해 나는 한글을 배우기 시작했다. 한글은 몰랐으나 우리 말을 잊지 않은 것이 다행이었다. 나라는 정치가 바뀌고 백성은 이름을 바꾸고 종교는 황제 숭배를 위해 곳곳에 신사를 지었다. 조국은 그림자도 못 찾게 말살하려 했다. 다행히 나는 당시 어렸지만 우리 말만은 알아 듣는 귀가 살아 있었다.

그 귀는 강제로 막지 못했다. 그래서 그때 일을 기억하고 고스란히 글로 쓰고 있는 것이다. 학교에서는 우리 말을 쓰는 것이 제일 큰 벌을 받아야 하는 죄였다. 해방이 되니 그 억울한 기억조차 감격의 열기로 불타서 사라졌다. 지나간 세월의 악몽은 생각할 겨를이 없었다. 기도 시간을 지키려고 어머니 곁을 지키는 일에만 온통 신경을 썼다.

어머니의 기도 소리는 아무리 들으려고 해도 무슨 말을 하는지 분간하기 어려웠다. 그러나 그냥 중얼거리는 흉내만 내는 것도 내게는 큰 감동이었다. 중간에 한 번씩 아버지라는 소리만 알아들을 수 있었다.

어머니는 일평생 기도하는 낙으로 살았고 기도하는 힘으로 어려움을 이겼다. 어머니는 어떤 노래도 부를 줄 모르고 찬송가와 애국가가 아는 노래의 전부였다. 어떤 놀이도 해본 적이 없지 않았나 싶다. 그런 사람은 비단 우리 어머니만은 아닐 것이다. 그러나 나의 어머니는 기도에 대하여 아무 언급도 않고 살았다는 것이 조금 특이하다. 거기에 어머니를 연구해 볼 깊은 매력이 있다.

어머니가 기도를 많이 한 것은 확실하다. 당시는 목회자가 교회에 상주하지 않았다. 우리 교회도 전도사 한 분이 네 교회를 맡아서 순회를 하며 교회를 돌봤다. 그 전도사는 집이 동남쪽에 있었다. 첫 주일은 동쪽에 있는 R교회, 둘째 주일은 동북 쪽에 있는 A교회, 셋째 주일은 북쪽 끝에 있는 G교회, 그리고 마지막 주일에 우리 교회로 와서 주일을 지켰다. 그 넓은 지역을 자전거를 타고 순회를 했다. 눈이 오는 겨울에는 걸어서 다니기도 했다. 몇 년 동안 한 달에 한 번만 전도사의 설교를 들었을 뿐이다. 다른 주일은 설교자가 일정하지 않았다. 신앙 경륜이 오래 된 어른들이 말씀을 증거하는 것 같았다. 자연스레 교회는 기도하는 집이 되었다. 오직 기도의 힘으로 교회가 유지 되는 것 같았다. 교회에서는 정기적으로 모이는 집회가 세 번 있었는데, 주일 낮과 밤, 수요일 밤이었다. 금요일은 구역마다 가정에서 모였다. 일주일 꼬박 모이는 자리는 새벽 기도가 유일했다. 그래서 새벽 기도가 제일 권위가 있었다.

    기도에 대해 배운 적은 없었다. 많은 기도를 들으면서 자랐으나 기도는 각기 달랐다. 비슷하게 닮은 기도도 없었다. 모두 자기 개성대로 기도했다. 나는 평생 누구의 기도를 모방하지 않았다. 설교자가 된 뒤에도 설교를 누구 닮게 하지 않았다. 자기답게 하는 것이 가장 좋은 설교 같았다. 어릴 적 어른들의 새벽 기도에서 배운 교훈일 것이다.

    어떤 기도를 하는지 어떤 방식으로 고하는지 모든 것은 개인의 자유다. 남의 기도를 알아야 할 필요도 없고 알아야 할 이유도 없다. 언제 어떻게 기도의 응답이 이뤄지는지 모르는 것이 정상이다. 나의 어머니도 수많은 기도와 그 응답에 대해 말하지 않았다. 나는 그것을 체험한 대로 수기 형식으로 펼쳐보고 싶었다.

    교회가 날로 건강을 회복하고 있을 무렵에 동네에 큰 홍수가 났다. 마을 앞 하천이 범람하여 동네에 홍수 경보가 울렸다. 해마다 여름이면 홍수의 소동이 일어났는데, 연례행사처럼 치른 홍수가 전과는 달랐다. 설마 했던 홍수는 주의보에서 경보로 바뀌었다. 아무리 큰 홍수라도 물이 제방을 넘은 적은 없었다. 그 제방이 산을 절반이나 막아 주고 있었기 때문이다.

그런데 산과 연결 된 제방의 목덜미 지점에 균열이 생기면서 거기에 물이 스며들었다. 제방과 연결 되는 이음새에 토사가 다 빠져나가고 구멍이 났다고 했다. 얼른 대비하지 않으면 제방이 무너진다는 긴급한 경보가 내려졌다. 급기야 그 구멍이 제방을 조금씩 잠식하고 있다고 동민을 불안하게 했다. 제방이 주저앉기 시작하면 무너지는 것은 시간 문제였다. 모래주머니로 메우자니 이미 해가 지고 있었다. 일단 동민들이 대피하기 시작했다.

모든 동민은 높은 지대로 피신하라는 경보 사이렌이 울렸다. 우리 교회는 그 위험 지대에서 가장 가까운 위치에 있었다. 둑이 터지면 교회를 덮쳐서 쓸어버릴지 모르는 상황이었다. 시간이 지나면서 온동네 남자들에 동원령이 내렸다. 모래주머니를 만들고 나르고 메우느라 사투를 벌였다. 피신을 가야 할 우리 집도 산으로 철수를 해야 했다.

아버지가 앞서고 형과 나는 그 뒤를 따랐다. 당연히 어머니가 뒤에서 따를 줄 알았다. 그런데 어머니는 교회 쪽으로 걸어가고 있었다. 나는 어머니를 열심히 불렀다. 어머니는 묵묵히 교회 쪽으로 가고 있었다. 나는 아버지를 따라 산 쪽으로 가지 않고 어머니를 따라 교회로 가고 싶었다. 거기가 더 안전할 것 같았다.

그때였다. 아버지가 내게 엄마를 따라가라고 했다. 나는 그렇게 말하는 아버지에 놀라고 고마웠다. 아버지는 동네 사람들이 저렇게 애를 쓰는데 너는 엄마 곁에 있는 것이 낫겠다고 내 등을 떠밀어 주었다.

무섭기는 했으나 어머니 곁에 남고 싶었다. 파출소 경찰관들이 비상등을 휘두르면서 동민들을 대피시키려고 호각을 불고 다녔다. 나는 경찰관 몰래 산을 내려와서 교회로 갔다. 어머니는 기다렸다는 듯이 나를 곁에 앉혔다.

침침한 등불을 교회 가운데 켜 놓고 어머니 또래 아주머니들이 기도를 하는데 또 누군가 들어오는 이가 있었다. 건너 집 훈이 엄마와 다른 교인들이었다. 나도 기도하기를 잘 한 것 같았다. 제방 위에서는 작업하는 소리가 요란했다. 어머니는 찬송가를 꺼냈다.

피란처 있으니 환란을 당한 자 이리오게
땅들이 변하고 물결이 일어나 산 위에 넘치되 두렵잖네

새까맣게 글씨를 지운 것을 그대로 들고 찬송을 불렀다. 외우고 있어도 찬송가를 항상 들고 있었다. 그렇게 하지 않으면 일본 사람들이 좋아하니까 그런 것을 보지 않으려고 거룩한 항거를 한 것이었다. 누구도 말하는 사람이 없었다. 인도하는 사람도 없이 자연스럽게 계속해서 그 찬송가만 반복해서 불렀다.

나는 그날의 찬송을 평생 잊지 못한다. 그날의 홍수 때문에 미리 지은놓은 찬송 같았다. '물결이 일어나 산을 덮쳐도 두렵지 않다'는 노래 가사는 세상 어떤 노래도 흉내 내지 못할 노래다. 자정이 넘도록 제방 소식은 없었다.

계속 되는 찬송가 소리는 마음에 안정을 주었다. 물결이 일어나 산 위에 넘친다는 가사는 조금 두렵게 느껴졌다. 정말 물결이 산을 넘어 덮치면 어떻게 될까 싶었다. 그 가사는 어딘지 잘못 된 것 같았다.

그러나 계속 듣다가 보니 물결이 산을 넘어 온다는 뜻이 아니라 산을 넘치지 못한다는 뜻처럼 들렸다. 아무리 물결이 노하여 산이라도 넘칠 것 같지만 감히 물이 어떻게 산을 넘는다는 말인가, 겁낼 것 없다는 노래 같았다.

새벽녘에 밖에 나가 보았다. 날이 밝으면서 집으로 돌아가는 사람들의 웅성대는 소리가 들렸다. 안도의 숨이 나왔다. 교회 앞에 서 있는 나를 본 한 아저씨가 교회에서 기도하는 덕분에 동네가 무사했다고 고마워했다.

어머니는 아무 일도 없었다는 듯 평소처럼 아침을 준비했다. 그리고 얼마 후 아버지와 형이 돌아왔다. 밤새 얼마나 고생했느냐고 어머니가 인사를 했다. 아버지는 도리어 어머니께 피신도 않고 얼마나 무서웠느냐고 위로했다. 형에게 고생하고 무척 힘들지 않았느냐고 했더니 그렇게 힘들지는 않았다고 대답했다. 산에 가 봤자 쉴 만한 곳이 없었다. 서당 옆으로 정각이 몇 동 나란히 서 있었는데, 정각은 늘 비어 있어서 비를 피하기는 좋았다. 형은 아버지가 내 걱정을 많이 하더라고 전했다. '둑이 터지면 물살이 만만찮을 텐데 네가 엄마를 구해 낼 수 있을까 그것을 걱정하더라'고 했다. 우리는 밤새 걱정이 많았노라고 웃으면서 이야기를 했다. 어머니는 기도의 덕이라는 말을 하지 않았다. 그런 말은 하나님을 위해서도 하지 않는 것이 좋다. 하나님보다 자기 기도의 공을 치하하려는 속셈으로 들리기 때문이다.

기도의 결과로 안전했으니 하나님께 영광을 돌린다는 말은 굳이 하지 않아도 되었다. 하나님은 그 이름만으로도 영광스럽기 때문이다. 기도하는 내가 아니라 기도를 들으시는 하나님을 더 생각하는 것이 신앙이다.

물결이 산을 넘어와도 죽지 않는다는 의미로 해석한다면 우리 어머니는 호통을 칠 것이었다. 살겠다는 욕심으로 기도한다면 신앙이 참 한심하다 할 것이다. 죽어도 상관없다는 뜻이 아니라 생명은 내 것이 아니기 때문이다.

만의 하나 홍수로 제방이 무너져서 교회가 흙더미에 파묻히게 될 때 누군가 그 교회와 함께 흙탕물 속에서 정든 교회의 잔해를 부둥켜안고 함께 떠내려 가서 같은 자리에 안장되기를 바랐을 나의 어머니가 장했다.

사람은 누구나 살고 싶어 한다. 죽을 수밖에 없는 최악의 상태에서도 목숨을 구걸하는 것이 인간의 속성이다. 홍수가 났으면 물을 피해 가는 것이 인지상정이다. 그런데도 살 길을 놔두고 앉아서 죽는 것을 신앙이라는 것이 아니다. 어머니는 그런 삶의 애착을 모르는 천치가 아니었다. 다만 우리가 하나님을 경배하는 전당이 홍수에 떠내려 가면 교회를 잘 지키지 못한 책임을 지겠다는 신앙의 충정이 있었다. 결국 홍수가 넘지 못한 그 산이 기도가 아닌가 싶다.

그 산이 든든하게 버티고 있어서 홍수는 물러 갔다. 그 산이 죽기를 각오하고 버티고 서서 일본의 간교한 전략도 수포로 돌아가고 말았다. 그보다 몇천 배 더 악한 사탄의 최후 발악도 밤낮 기도하고 낙심치 않을 때 이길 것을 나는 믿는다.

✳ 기도하는 나보다 기도를 들으시는 하나님을 더 생각하는 것이 신앙이다.

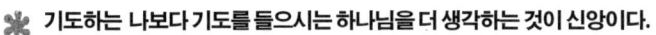

우리는 하늘의 본향을 향해 가는 순례자다

• • • •

사람은 발걸음을 옮길 때 득실이 생긴다. 그런데 그것을 계산하는 것은 위험한 생각이다. 정상적인 인간은 도리를 따라 움직인다. 도리와 상관 없으면 그것은 이미 비리다.

인간을 인간답게 하는 것이 도리지만 점차 인간은 도리보다 실리를 쫓는다. 도리는 날아다니는 것이고 실리는 굴러 다니는 것이다. 날아다니는 것은 황당한 것이고 굴러 다니는 것은 실리적이다. 손에 잡히는 것이 인간을 신나게 하나 조만간 그 두 가지의 차이는 하늘과 땅처럼 차이가 난다.

도리를 다하고 사는 사람은 하늘이 지키지만, 스스로 챙기는 사람은 땅에서 부딪친다. 우리는 하늘의 본향을 향해 가는 순례자다. 나의 어머니는 하늘에서 나를 기다리고 나는 땅에서 상봉을 바라고 간다.

어머니의 기도

아들은 목사가 될 것이오

내 일생은 초등학교 3,4,5,6학년, 4년에 결정되었다. 그 4년이 주일학교 4년과 맞물려 있기 때문이다. 그 기간에 국어를 처음으로 터득한 것이 내게는 가장 큰 수확이었다. 그 전에는 모든 학교 교육이 일본어로 진행되었으니 국어를 배워야 할 기회를 빼앗기고, 국민의 권리가 상실된 시간이었다.

초등학교에서는 학습 과정과 진도에 보조를 맞추어 따라가면 되었다. 만일 진도에서 밀리는 지진아가 되면 그 다음 학년으로 올라가지 못하는 낙제생이 되는데, 그 당시는 재수를 하는 방법 외에 낙제생을 구제할 방법이 없었다. 주일학교에서는 사랑과 기쁨 그리고 지혜와 자유를 배웠다. 학교와 주일학교, 그 둘의 판이하게 다른 교육제도와 영향이 그리 나빴던 것만은 아니다. 사람을 알게 하고 인격을 가늠하는 능력을 조금씩 키워 주는 재미를 익혔기 때문이다.

그 당시는 모든 것이 흥미의 대상이었다. 그 중에서 이성간의 차이도 호기심의 대상이 되었다. 그러다가 초등학교 이후부터는 흥미가 조금씩 감소하면서 세상이 무섭다는 것을 알게 되고, 골머리 앓는 아픔을 알아가기 시작했다. 어떻게라도 성장통을 이겨 보려고 애쓴 것이 고작 굼벵이가 구르기를 하는 것처럼 요령을 부리는 것이었다.

지금도 나는 문득 문득 초등학교와 주일학교를 추억하면 그리워진다. 그 향수가 아픔을 치유하는 묘약처럼 효력이 되는 것을 느낀다. 그런 것이 반복 되면서 인생은 굴러 굴러 내리막길로 내려가는가 하면 또는 아작 아작 오르막 길을 오르기도 하며 곡예를 하듯 양면을 저울질하는 법을 익힌다.

주일학교에는 생각하는 자유가 있다. 들을 수 있는 자유가 가장 우선이다. 학교에서는 그런 자유가 없다. 학습은 일정한 학과를 듣고 이수한 것만큼의 책임을 강요한다. 그러나 주일학교는 듣고 생각하는 것을 자기 것으로 챙겨서 담아가는 곳이다. 대충 들어도 조금은 담아갈 것이 생기는 것이다.

가져가기 싫으면 듣는 척 해도 괜찮다. 주일학교는 책임보다 자유를 소중한 가치로 가르친다. 아주 잘 듣는 아이는 드물다. 듣게 되는 이야기가 아이들에게는 어려운 일이다. 전혀 들으려고 하지 않는 아이들이 대부분이다. 절반은 놀고 있지만 놀아도 헛수고는 아니다. 듣지 않고 있어도 남는 것은 많다. 그런 것이 교회의 특징이자 매력이다.

아이들이 듣지 않는 이유는 생활과 상관없는 옛날 이야기뿐이기 때문이다. 거기서 들은 이야기는 다른 데서 쓸모가 없다. 그런데 나는 그렇지 않았다. 나는 듣는 것이 흥미롭고 재미있었다. 듣고 또 들어도 지겹지 않았다. 주일학교가 끝나면 어른 예배가 시작 되는데 아이들은 모두 집으로 돌아가고 사방으로 흩어졌다. 나는 그 길로 어른 예배에 참석했다. 거기서는 듣는 것이 정말 어려웠다. 잘 알아들을 수도 없었다. 그 어려운 말이 내 귀를 소란스럽게 했다. 그래도 들으려고 애썼다. 들을 귀가 없어서 이해를 못해도 보는 재미는 쏠쏠했다. 두루마기를 입은 설교자가 팔을 들었다 내렸다 하면서 소리도 높였다 낮췄다 하는 모습이 이상하게 정감을 주었다.

주일학교는 듣기보다 암송을 많이 장려했다. 성경을 암송하는 경연대회를 자주 열었다. 연중행사로 매계절 열었는데, 나는 그 대회에서 4년 동안 1등을 뺏긴 적이 없었다. 교회에서는 암송을 장려하려고 여러 가지 방법으로 대회를 열었고 가끔 어른들을 대상으로 성경 암송 대회가 열리기도 했다.

제일 자주 열리는 암송 대회는 많이 외우기였다. 그 다음은 기간을 정해 놓고 일정한 분량을 다 외우게 했다. 그리고 가장 분명한 발음과 표준어로 품위 있게 암송하는 대회도 있었다. 나는 대회마다 나갔고 1등을 해서 6학년 때는 보조 반사가 되어 반사들을 도와 주는 심부름을 시작했다. 그 시절 그렇게 봉사하는 것이 나는 재미있고 좋았다. 남을 이기려는 욕심 같은 것은 없었다. 내가 나를 훈련하는 것이 그런 결과를 낳았다. 우리 주일학교는 열두 반으로 분반 공부를 했다. 남녀 각 반의 반사가 열두 명이었다. 가끔씩 반사가 결석하면 합반을 하기도 했다.

젊은 반사가 모자랄 때여서 나이 많은 집사들이 반사를 맡았는데, 넓은 마루를 열두 반으로 나누어 앉으면 자리가 늘 비좁았다. 반사들의 목소리가 옆 반 아이들에게도 다 들렸다. 그래도 자기 반 선생님의 소리를 가려서 듣는 데는 아주 익숙했다. 소란 중에도 충돌 없이 성경을 공부했다.

그 당시 우리는 불평이나 불만을 모르고 자랐다. 싸움도 없었다. 장소가 제한되어 각기 자기 반으로 나뉠 때는 많이 부딪쳐도 아무렇지 않게 질서를 유지했다. 내가 암송 대회에서 1등을 독점한다고 누구 한 사람 시기하는 아이도 없었다. 나 역시 자랑하거나 뽐내지 않았다.

분반 공부를 시작할 때는 각 반의 선생님이 기도를 먼저 했다. 그런 다음에 공부를 했다. 열두 반의 기도 소리가 합창을 해도 아무 일 없었다. 우리 반 선생님은 이따금 자기를 대신하여 나에게 기도를 시켰다. 그렇게 해도 아이들은 아무렇지 않게 받아들였다.

나는 그렇게 시키는 대로 하면서 자랐다. 아이들은 나를 무척 사랑해 주었고 도와주기도 했다. 몸집이 작았던 나는 싸울 줄도 모르고 싸우려는 아이도 없었다.

그런데 반 선생님들 가운데 나를 특별히 아껴 주는 선생님이 있었다. 몇 개월간 주목하여 지켜보면서 나를 가르쳐 주고 싶은 동정심이 생겼던 것 같다. 마치 큰누나 같은 스승이었다. 그 스승은 강 건너 다른 동리에 살았다. 그러니까 좀처럼 서로 스쳐가면서 만나는 사이가 아니었다. 오직 교회에서만 만나는 관계였다. 그 여선생님은 나의 개인 교사를 우리 어머니께 자청했다. 어머니는 하늘에서 천사가 내려

왔다고 기뻐했다.

그 동안 나의 어머니는 믿지 않는 아버지로 인해 아무 것도 해줄 자신감이 없었다. 우리 집은 신앙적 가정 교육이 불모지나 다름 없었다. 그런 것이 늘 어머니의 마음에 부담을 주었다. 그러던 어머니께 선생님의 제안은 너무나 감사할 일이었다. 나에게 있어서 그 여선생님은 대모라고 할 만큼 큰 영향을 끼쳤다. 마치 큰 스승과 같은 그분은 성경과 함께 전 과목을 나에게 지도해준 교사였다. 그 당시 반사는 성경 교사였다. 음악 교사는 아주 귀할 때였다. 심지어 반사들은 동화 시간도 맡으려고 하지 않았다.

나의 독선생님은 신앙이 독실한 것은 물론 모든 방면에 지식과 교양이 풍부했다. 그 지방에서 제일 가는 기업 사장의 장녀이기도 했다. 어디에 내놓아도 손색이 없는 미모까지 겸비하고 있었다. 그런 선생님이 나 하나를 위해 시간을 쪼개어 토요일마다 신앙의 수련을 도왔다. 나에게 있는 약점을 하나씩 바로잡아 주는 교정 시간도 착실하게 학습을 받았다. 그런 기초가 있었기에 이후 신학교에 들어갔을 때 교육을 제대로 이수할 수 있었던 것 같다.

내게는 초등학교 4년, 주일학교 4년, 신학교 과정 4년, 그것이 나의 인성의 골격을 이루고 있다. 나는 여덟 개 교육 기관을 거쳤다. 그 안에 수료 4, 졸업 4, 야간 4, 주간 4 등 참으로 다양한 교육 배경을 가졌다. 그 가운데 내세울 만한 명문 학교는 없다. 나는 일류와 명문과는 인연이 없었다. 그런 탓에 일류를 흠모하면서 살았다. 일류 자리에 있으면서 삼류를 모르는 것보다 삼류 자리에서 일류를 아는 사람이 훨씬 의식의 반경이 넓고 융통성이 뛰어나지 않을까 싶다.

나의 대모 같은 스승은 일류였다. 그러니까 나의 정신적 유전자는 일류라 해도 된다. 그분은 양질의 정신력과 의식 구조가 일류다웠다. 항간에는 전혀 일류답지 않는 짝퉁도 많다. 일류는 의식이 있고 정서가 맑다. 삼류는 정신이 맑고 정서가 순하다.

내가 미국으로 떠날 때 그분은 회갑이 된 할머니가 되어 있었다. 그때까지도 서울 근교에서 학생들을 모아서 가르쳤다. 회초리를 들고 매질을 하면서 눈물로 아이들을 바로 가르치며 살았다. 나는 조국을 떠나면서 그 스승만은 눈에 담고 마음에 새겨서 가려 했다. 그래서 헤어진지 오래 되어 어느 날 수소문하여 그 선생님의 소재를 찾아냈다. 그리고 그분의 고마움을 깊이 감사하고 미국으로 떠났다. 그 후 몇 해가 지나서 그분은 세상을 떠났다. 나는 지금도 가정이나 학교보다, 주일학교 그 선생님의 영향을 으뜸으로 삼는다. 그 분은 한 마디의 말도 버릴 것이 없었고 잊을 수가 없는 감동으로 나를 압도했다. 얼마나 많은 시간을 할애해 주었는지 상상하지 못한다. 아무 것도 바라지 않았고 제자가 잘 되기만을 바라는 헌신자였다.

그 당시 우리 교회는 담임 목사가 없었다. 노회에서 파송하는 교역자가 오기도 하고 또는 선교 기관에서 추천하는 목사가 한시적으로 교회를 돌봤다. 그 중에 Y목사가 있었다. 한학자이며 동양의학에도 조예가 깊은 분이었다.
어느날 Y목사가 교회 앞마당에서 나의 어머니께 뜻밖의 희망적인 예감을 한 가지 선사했다. Y목사에게는 아들이 셋 있었다. 그래서 다른 집 아들도 유심히 보는 습관이 있었다. Y목사가 어머니에게 나를 가리키면서 주일학교에서 가장 총명하다고 칭찬을 했다. 어머니는 예의적으로 하는 인사로 받고 고개 숙여 답례를 했다. Y목사는 나를 장차 목사가 될 재목이라고 또 한 번 칭찬을 했다. 그 때 나는 어머니의 얼굴이 빨갛게 변하면서 무척 당황해 하는 것을 보았다. 어머니는 그 칭찬이 몹시 부담스러웠다. 아버지가 불신자인 집안에서 어떻게 목사가 나오냐며 오히려 조롱 당하는 느낌을 받았다. 어머니는 목사님에게 너무 과찬이라고 칭찬을 거둬 달라고 했다. 거기서 그치지 않고 목사님의 농담이 지나친 것 같다는 말까지 했다. 그러자 목사님이 정색을 하면서 자기는 농담을 하지 않는 사람이라고 했다.

  Y목사는 어머니를 이해시키려고 설명을 해 주었다. 많은 교인들이 자기 자식을 볼 눈이 없다고 경각심을 자극했다. 그제서야 어머니는 무례하게 되었으니 용서해 달라고 사정을 했다. 그 날부터 어머니는 나 때문에 고민을 하지 않았을까 싶다. Y목사의 말이 농담이 아니라면 큰일이라고 생각했던 것 같다.

  시댁은 물론 어머니의 친정에도 기독교인이 없었다. 토양이 좋아야 곡식이 자랄 텐데 척박하기가 그지 없는 가문에서 목사가 어떻게 나오겠느냐며 어머니는 여간 혼란스러워 하지 않았다. 그러면서도 Y목사를 고맙고 감사해 했다. 생전 처음 들어 본 감동이자 단순하지 않은 큰 충격이었으며 사건이 되었다. 어떻게 소화를 하고 어떤 기도를 했을지 그것이 정말 궁금했다. 아들을 목사가 되게 해 달라고 기도를 할 어머니가 아니어서였다. 그렇다고 그런 축복을 마다할 이유는 더욱 없었을 것 같다. 하나님의 처분을 기다리겠다고 하지 않았을까…. 혹시 꿈이라면 금방 깨지 말았으면 바랐을 어머니다. 만일 나를 위해 기도할 테니 부디 신학교에 가라고 떠밀었어도 나는 절대로 그렇게 하지 않았을 것이다.

내가 주일학교 교사로 있을 때 한 이변이 일어났다. 우리 교회가 있는 마을은 주민의 이동이 좀처럼 없는 마을이었다. 그런데 새로 이사를 온 친구가 생겼다. 아버지가 목회자로 교회를 돌보다가 은퇴를 하고 우리 동내로 이사를 온 것이었다. 그 집의 맏아들 H군이 나와 친구가 되었다. 신앙과 인품이 좋았던 그는 나보다 두 살이 위였지만 친구로 지내기에 아무 무리가 되지 않았다. 그와 나는 교회에서 같이 반사로 섬기게 되어 만나는 횟수가 잦았다. 어느 날 자기와 함께 동행하기를 청했다. 나는 나와 상관이 없는 일로 먼 길을 가고 싶지 않았다. 그런데 친구는 혼자 가기 싫다며 부탁을 했다. 거절하기 어려웠던 나는 함께 가 주겠다고 했다. 가려던 곳은 제법 멀었다. 우리 동네는 북쪽 끝이었고 가야할 곳은 남쪽 끝이었다.

가는 용무는 아주 귀한 일이었다. 원래는 자기 아버지를 대동해야 할 자리였다. 그런 중요한 용무에 혼자 다녀 오기보다 누구라도 끌고 가고 싶었던 것이다. 나는 그 친구가 신학교 진학 관계로 간다는 것을 듣고 관심이 커졌다.

둘이서 두 시간 가량 걸어서 닿은 곳은 A교회로 노회장이 담임하는 교회였다. 신학대학에 가려면 노회장의 추천서가 가장 중요한 서류다. 노회장 추천을 받지 못하면 누구도 입학이 불가능했다. 그 추천은 절차가 까다로웠다.

친구는 추천장을 받으려고 자기 아버지를 졸랐으나 혼자 다녀오라고 한 것 같았다. A교회는 유명한 교회였다. 사무실로 들어서자 노회장은 내 친구를 알아보고 아버지의 안부를 물었다. 친구도 아버지의 안부를 전했다. 나는 그 자리에서 격세지감을 느꼈다. 아버지의 후광을 입고 서 있는 친구가 너무나 부러웠다.

노회장은 신학교에 가거든 열심히 배워야 한다고 격려를 한마디 한 후에 아무 면접 없이 바로 서류를 작성했다. 먼저 이름을 물었다. 친구가 이름을 답했다. 이어서 생년월일을 물었다. 대답을 하자 서류를 마무리하고 날인을 했다. 그리고 추천서 원부에 기입했다. 용무는 끝이 난듯 했다. 그러고는 느닷없이 나란히 서 있는 나를 향해 내 이름은 무엇이냐고 물었다. 나는 어리둥절해 했다. 그렇게 헤매고 있는 순간에 사태가 달라졌다. 친구가 "네 이름 물으시잖냐"라며 재촉했다. 그때까지도 나는 노회장이 나를 추천서 받으려고 같이 온 학생으로 잘못 알고 있다는 생각을 전혀 하지 못했다. 함께 왔으니 당연히 신학교 지망생으로 본 것은 별로 이상하지 않을 일이었다. 문제는 내 친구가 나를 그냥 데리고 가서 왜 바른 대로 말하지 않았는지 원망스러웠다. 그러나 아무 소동도 없이 일은 끝이 났다. 요즘처럼 수수료를 내라고 했으면 일이 달라질 수도 있지 않았을까 싶다. 우리는 아무 말 없이 돌아왔다. 그날의 일은 누구의 잘못도 아닌듯 싶었다. 나로서는 한 대 맞은 것 같았으나 기분은 묘하게 좋았다.

우리는 서류를 각기 챙겨서 돌아왔다. 그 날부터 나는 큰 시험대 위에 섰다. 노회장 추천서를 그냥 버리면 노회를 기만하게 되고, 그렇다고 그 추천서를 사용하기에 길이 없었다. 내년이면 3학년이니까 해당이 되지만, 그러나 내년에는 노회장이 바뀌는 시점이었다. 가장 합리적인 방법은 서류를 제출하여 응시를 하는 거였다. 그러나 자격 미달로 불합격 처리가 될 것은 너무나 자명했다. 그렇게 되면 아무 문제도 발생하지 않는다.

나는 학교에 가서 재학 증명서를 뗐다. 그리고 신학교 입학 원서를 사서 서류를 구비해 해당 학교에 제출했다. 그 학교는 새로 생긴 학교로 제1차 모집 중이었다. 필경 나는 불합격 처리가 될 것이었다. 나는 억울할 것이 없는 것이다. 한 번 창피는 당해야 되겠지만 그것도 별일은 아니었다. 좋은 경험이라 생각하기로 했다. 아무에게도 말하지 않았다. 그런데 이것이 무슨 이변이란 말인가. 그 학교에서 면접을 보러 오라는 통지서가 날아온 것이다. 당연히 일 년 후에 다시 오라는 통지를 받을 것이라 생각하고 학교에 가 보았다.

나와 같은 통지를 받고 온 학생들이 이미 여러 명 와 있었다. 그들은 모두 학력에 하자가 있는 사람들이었다. 나 혼자만 학교로 돌아가면 되는 재학생이었다. 다른 사람들은 돌아갈 수 없는 사람들이었다. 6.25 전쟁 직후여서 학생들의 희생이 많이 발생한 때였다. 이미 학교를 떠난지 오래여서 학적 회복이 불가능한 학생이 많았을 때다.

학교의 결정은 이랬다. 자체에서 검정 시험을 치루기로 하고 모든 자격에 문제가 있는 사람은 일단 검정 시험으로 자격을 구제하기로 한 것이다. 단 한 명, 나는 해당이 되지 않았다. 그런데 내게도 기회가 주어졌다. 이미 노회장의 추천을 받고 지원을 했으니 검정 시험을 칠 수 있도록 선처를 배풀기로 한 것이다. 만일 잘못 처리하면 추천서를 불법으로 발행한 책임을 노회장이 지게 되는 엉뚱한 사건이 될 가능성이 있었다. 그것은 평지풍파를 일으키는 또 하나의 사건으로 커지고, 노회장은 잘못이 없지만 부주의한 지도자로 낙인이 될 일이었다.

내게 추천서를 써준 노회장은 새로 설립하는 신학교의 이사장이기도 했다. 이 황당한 사건은, 나를 자신이 이사장으로 있는 학교의 지망생으로 착각한 실수가 아니라면 하나님이 나에게 베푸신 특혜일 수도 있었다. 결과적으로 본다면 나는 허위로 노회장을 기만하지 않았다. 아무도 학교 당국자의 입장에서 문제를 제기하거나 의혹을 확대하지 않았고 순순히 풀어나가는 지혜와 아량을 바푸는데 의견을 같이 했다. 나는 무임승차로 세계일주를 한 것처럼 설레고 좋았다. 무엇보다 어머니께 그랬다.

실력이 미달이면 2학년 교실로 다시 돌아가면 되었다. 실력이 인정되면 3학년을 월반하게 되는 것이었다. 아무 것도 법에 저촉되는 것은 없었다. 드디어 검정 고시도 통과했고 본 고사도 통과했다. 그렇지만 꿈 같이 지나간 일을 낱낱이 떠들고 다닐 생각은 없었다. 그러나 어머니에게 이 사실을 전하기가 막연했다. 졸업은 내년인데 서류 위조를 한 걸로 오해 받을 수 있었기 때문이다. 벼르고 벼르다가 어머니께 합격 통지서를 내 밀기로 했다. 집에 이르니 어머니는 부엌에서 저녁을 준비하고 있었다. 나는 어머니 곁에 바짝 다가가 앉았다. 나는 늘 어머니에게 딸같은 아들이었다. 어머니의 부엌 일, 빨래 다리기, 아기 업는 일, 그런 것이 모두 내 차지였다. 어머니는 성가시게 왜 이러느냐고 나를 밀쳐냈다. 그 때 어머니에게 신학교 입학 시험에 합격했노라고 합격 통지서를 내보였다. 어머니는 뭐라 했느냐며 내게 되물었다. 나는 다시 반복했다. 그 순간 어머니는 뒤로 넘어지며 기절을 했다.

  나는 놀라서 어머니를 소리 내어 불렀다. 옆집에서 듣고 달려와서 무슨 일이냐며 일대 소란이 일어났다. 그때 어머니가 눈을 겨우 뜨고 손을 저으면서 괜찮다며 물러 가라고 아주머니를 돌려 보냈다. 나도 그제서야 마음이 놓였다. 어머니는 손을 내밀어 내게 일으켜 달라고 했다. 나는 어머니의 손을 잡아 일으켰다. 어머니의 눈이 흠뻑 젖어 있었다. 어머니가 뒤로 넘어진 것은 나 때문이 아닌 것 같았다.

  어머니는 하나님 때문에 충격을 받은 것이 틀림 없었다. 아들 녀석의 졸업이 내년인데 신학교가 말이 되느냐고, 일이 잘못 된 것 같은데 왜 가만히 놔두셨느냐고 항의를 했을지도 모른다. 아니면 맨꼴찌로라도 좋으니 내년에는 신학교에 넣어 달라고 했었는데 꼴찌가 아니라 앞당겨 입학을 시키다니, 언제 그런 기도를 했느냐고 따졌을지도 모를 일이다. 어머니는 내가 무슨 꼼수를 부린 줄 알았을지도 모른다. 뒤로 넘어져서 잠시 확인을 한 것 같다.

  어머니는 일어나자 바로 내게 등록금이 얼마냐고 물었다. 나는 얼른 4천원이라고 답했다. 그러자 나에게 부엌 아궁이 불을 보라고 하고는 이내 밖으로 나갔다가 한참 후에 4천원을 들고 돌아왔다. 그리고 등록부터 하라며 그 돈을 내밀었다.

  나는 신학교를 가게 해달라고 기도를 한 적이 없었다. 더구나 목사가 될 생각은 한 번도 해본 적이 없다. 신학교 졸업을 한 뒤에도 생각은 여전히 그대로였다. 그런데 신학교에 갔고 결국 목사가 되었다. 목사가 되어서 처음 위임식을 하는 자리에는 예전에 나의 어머니를 당황하게 한 Y목사님을 찾아가서 축사를 해 달라고 초청을 해서 모셨다.

어머니는 그런 일들이 당신의 기도 덕분이라고 말하지 않았다. 그러나 나는 필경 어머니의 기도 결과라고 믿었다. 어머니는 하나님의 여종에게 그런 특혜를 베푸실 줄 몰랐다고 했을 것이다. 그리고 절대로 하나님께 영광을 가리는 종이 되지 않게 여종의 생명이라도 바치겠다고 했을 것이다. 나의 어머니는 급하게 서두르는 것을 몹시 경계했다. 시간은 무한하고 하나님은 무궁하시다. 그러니 자기에게 주어진 만큼만 해도 넉넉하다는 것이 어머니의 생활 철학이었다. 사실 우리가 살면서 가진 것, 있는 것만으로 계획하면 실패가 없다. 가진 것이 절대 기준은 아니다. 가진 것이 다섯이고 필요한 것이 아홉일 때가 있다. 그럴 때 넷을 구할 수 있다면 그 넷을 구하는 힘도 결과적으로 나의 힘이다. 그 힘을 사람의 능력처럼 과장도 하는데, 나는 그런 논리로 나의 좌우명을 만든 적이 있다.

나는 B플렛 장조를 좋아한다. 내가 교회 성가대에서 베이스 파트에서 봉사할 때의 일이다. 그때는 노래를 잘하는 사람이 테너 파트를 맡았었다. 테너를 할 수 없는 사람은 베이스로 내려가야 했다. 베이스가 필요해서가 아니라 고음을 낼 수 없어서 베이스를 했다. 테너가 인기 파트였을 때 베이스를 해야 했던 나는 성가대원이라는 것이 부끄러울 때가 많았다. 성가대 찬양은 주일 낮예배에만 서고 다른 예배는 서지 않았다. 그래서 다른 예배에서는 독창이나 병창, 중창 등으로 특송을 했다. 돌아가면서 부르게 되어 나도 자주 독창을 했고 병창도 했다. 그럴 때는 항상 선곡이 문제가 되었다. 내가 잘 부를 수 있는 곡을 찾아야 하는데 내 목소리로 낼 수 있는 곡조를 찾는 것이 쉽지 않았다. 그 때 내게는 B플렛 장조의 찬송이 무난하다는 것을 알았다. 나는 찬송가 중에 B플렛 장조로 된 찬송만 골라서 목록을 짰다. 차례가 돌아오면 B플렛 장조로 된 찬송을 찾아서 부르면 무난하게 통과 되었다. 성탄절 때는 B플렛 장조인 <고요한 밤 거룩한 밤>을 독창해 보고 중창도 불러 봤다. 찬송가에는 내가 부를 만한 곡이 별로 없다. 왜 찬송가는 하나같이 성악가들만 부를 수 있는 고음 노래가 많은지 불평을 하던 때도 있었다. 그래도 생각보다 B플렛 장조로 된 찬송가가 많았다.

한 가지 신기한 일이 있었다. 중 1 된 딸에게 악기를 하나 사주면서 배워 보라고 한 적이 있다. 싫다는 아이를 달래고 어르고 해서 간신히 클라리넷을 배워 보게 했다. 내가 그 악기를 잘 알아서 권한 것이 아니었다. 교회에서 봉사하려면 음악보다 더 요긴한 것이 없다. 그 중에서도 독주가 가능한 것이 첫째다. 많은 관악기 중에 클라리넷의 소리가 교회에서 듣기 좋을 것 같았다. 기초를 배우기 시작하면서 딸은 한 곡씩 교회에서 독주를 했다. 그런데 그 악기가 B플렛 장조로 된 악기라는 것을 알고 얼마나 놀랐는지 모른다. 그 악기를 연주하던 아이는 나중에 줄리아드 음대에 들어갔다. 그리고 그 대학원을 졸업했다. 그런 길지 않은 시간에 그 만한 수준에 이른 것은 흔치 않은 일이라고 한다. 그렇게 된 이유를 나는 모른다. 내 목회에 도움이 되었던 것은 말할 필요가 없다. 그런 맥락에서 보면 어머니의 기도가 어디까지 미치는지 측량하기 어렵다.

자기가 가지고 있는 것, 자기가 할 수 있는 것, 자기에게 아주 효과적인 것, 사람은 누구나 그런 것이 있기 마련이다. 하나님이 주신 것이면 성공할 가능성이 충분하다. 공연히 남의 것을 모방하거나 흉내 내면 성공은 달아난다. 나는 어머니께 물려받은 유전자로 충분하다는 교훈은 지금도 여전히 유효하다. 그래서 날마다 때마다 신나는 설렘으로 살아가고 있다. 나는 누굴 무시할 자격도 없고 그럴 정서도 못 된다. 그런데 딱 한 사람, 딱하게 보는 사람이 있다. 자기가 하고 싶은 것이 있는데 그 무엇이 없어서 고민하고 좌절하는 사람이다. 딱한 것이 무시일 수도 있지 않나 싶다. 소원을 포기하던가 방법을 수정하면 될 일이다. 내게는 B플렛 장조가 그랬다.

뉴욕에서 목회하던 때였다. LA에서 부흥회 요청이 있었다. 목회를 아주 잘하는 U목사가 시무하는 B교회였다. 집회 중에 그 교회에서 연로하신 권사님이 아침 식사를 대접하겠다고 그 교회 로비로 나오라는 연락이 왔다. 그분은 서울에서 큰 목회를 하시던 P목사의 부인이셨다. 나는 어른과 약속하면 일찍 나가서 기다리는 습관이 있다. 교회 로비는 큼직한 공간이다. 혼자서 기다리는 시간에 주변을 둘러 보는데 아주 낡은 피아노가 구석에 놓여 있었다.

아무도 없는 이른 아침이었다. 나는 심심해서 그 피아노를 열고 소리를 내어 보았다. 소리가 절반 이상 죽어서 학교 종이 땡땡 친다는 노래도 칠 수가 없었다. 듬성 듬성 소리나는 건반을 헤아려 보니 찬송 한 곡의 멜로디는 칠 것 같았다. 건반 아래서 끝까지 B플렛 장조 한 스케일은 찾았다. 그리고 내가 아는 찬송가를 치기 시작했다. 너무 너무 재미가 났다. 고음과 저음을 섞어서 찬송을 쳐도 알아 듣는데는 별 어려움이 없었다. 누굴 들으라고 친 것은 아니었다. 단순한 멜로디로 한 절을 치고 또 반복을 하고 있을 그 때는 아무도 없었다. 약속한 분이 올 때까지 계속 두들기며 놀았다. 그 때 교회 앞쪽에서 누군가 뛰어오는 발걸음 소리가 요란하게 들렸다. 나는 소란을 피워서 야단맞는 줄 알고 얼른 숨었다. 문이 열리고 누구 없느냐는 목소리가 들렸다. 나를 찾는 사람 같아서 앞으로 나갔다. 그 분은 U목사 부인이었다. 찾는 이유를 몰라서 누굴 찾느냐고 물었다. 그제서야 누가 방금 피아노를 쳤느냐고 물었다. 왜 그러느냐고 물었더니 여태 그런 적이 없었다고 했다. U목사 부인은 피아노를 전공한 피아니스트였다. 나는 그날 교회 로비 구석에 버려야 할 피아노를 버리지 못한 사연을 들었다. 넓은 공간에 그 악기가 크게 방해가 되는 것은 아니었다. 그런 폐품이 노래를 한다는 것이 신통했다. 내가 공연한 일로 놀라게 한 것이 죄송하다고 사과하자 그런 뜻이 아니라며 오히려 방해가 된 것 같다고 민망해 했다. 그러고 있을 때 기다리던 손님이 도착했다.

　나는 B플랫 장조가 좋다는 좌우명으로 분수를 귀하게 여긴다.

　나의 어머니는 독특한 고집이 하나 있었다. 어머니는 한마을에 10년 넘게 살면서 단 한 번도 잔칫집에 간 적이 없다. 그러나 부조는 꼭 보냈다. 참석을 하게 되면 부조한 것을 다시 먹고 오는 일이 된다며 입 하나라도 보태 줘야 한다고 고집했다. 그런 반면에 초상집은 빠지는 법이 없었다. 초상집은 잔칫집과 달리 일손이 필요하고 도와 줄 일이 많다. 잔칫집은 먹는 것 때문에 가지 않는 것이 돕는 것이고 초상집은 궂은 일이 많아서 일손이 아쉬우니 가는 것이다. 그런 집은 가는 것이 도리라고 했다. 그런 어머니를 싫어 하는 사람은 없었다. 어머니는 싫어할 이유를 만들지 않았다.

　세상에서 제일 불쌍한 사람이 남에게 미움을 받는 사람이다. 그것은 그 사람이 잘못 태어나서가 아니다. 남에게 미움 받을 짓을 했기 때문이다. 사랑을 받는 것도, 미움을 받는 것도 자기가 심은 대로 거두는 것이다. 그것을 천리라고 한다. 천리란 원리고 도리다. 인간으로 태어났으면 다 같은 인간이며, 도리를 중심으로 인간은 나뉘어진다. 다만 도리를 존중할 것인지 말 것인지의 문제가 그 차이를 나눈다.

　기독교는 도리의 종교다. 기독교를 잘못 알고 있는 사람은 행복의 종교라고 말한다. 도리 안에 행복이 들어 있기는 하지만 도리는 소유가 아니고 지키는 실행이다. 그 행위가 신앙을 형성한다. 예수 그리스도는 진리, 곧 도리다. 그 표현을 길이요 진리라고 해도 같은 뜻이 된다. 길과 진리가 합쳐지면 도리가 된다. 길이 없는 벌판을 헤매는 것이 인생이다. 그리고 그 길을 찾아 주는 것이 기독교다. 옳은 길로 가지 않고 헛된 길로 가고 있는 우리를 인도하는 그 길의 안내자다.

　사람은 발걸음을 옮길 때 득실이 생긴다. 그런데 그것을 계산하는 것은 위험한 생각이다. 정상적인 인간은 도리를 따라 움직인다. 도리와 상관없으면 그것은 이미 비리다. 인간을 인간답게 하는 것이 도리지만 점차 인간은 도리보다 실리를 쫓는다. 도리는 날아다니는 것이고 실리는 굴러다니는 것이다. 날아다니는 것은 황당한 것이고 굴러다니는 것은 실리적이다. 손에 잡히는 것이 인간을 신나게 하지만 조만간 그 두 가지의 차이는 하늘과 땅처럼 벌어진다.

도리를 다하고 사는 사람은 하늘이 지키지만, 스스로 챙기는 사람은 땅에서 부딪친다. 우리는 하늘의 본향을 향해 가는 순례자다. 나의 어머니는 하늘에서 나를 기다리고 나는 땅에서 상봉을 바라고 간다.

✱ 도리를 다하고 사는 사람은 하늘이 지키지만, 스스로 챙기는 사람은 땅에서 부딪친다.

큰 인물은 자기의 과업을 기억하지 않는다

• • • •

그 목사님이 서울에서 목회 중일 때는 나도 서울에서 함께 목회를 했었다. 뉴욕에 있을 때는 우리 교회에서 부흥회를 인도하신 적이 있다. 그 때 목사님에게 나를 도시 교회로 가지 않고 농촌으로 간다고 호통쳤던 일을 말씀 드렸다. 어떻게 그런 과감한 판단을 하셨는지 감사하다는 인사를 했다. 그랬더니 목사님은 그런 당연한 일은 기억에 담아 두지 않는 것이라고 대답했다.

큰 인물은 자기의 과업을 기억하지 않는가 보다. '그봐 내가 그랬잖아'라고 말하는 소인들이 얼마나 많은가. 자기의 공은 잊고 산다고 말한 목사님의 말은 두고두고 내게 도전이 되었다.

내 고향은 대구 칠성동, 나는 도시형 목사

복음은 사람을 찾아간다

내가 태어난 곳은 D시 칠성동, 내가 기독교인이 된 것은 칠성교회를 통해서였다. 졸업한 초등학교는 칠성초등학교다. 칠성동은 농촌과는 거리가 멀다. 내가 자라온 환경은 농촌을 잘 몰랐던 곳이다. 그런 탓으로 농촌을 동경했던 것 같다. 그러다가 신학교에 다니면서 농촌 교회에서 봉사하게 되어 농촌을 경험하게 되었다. 도시와 농촌은 생활 방식이나 문화에서 차이가 컸다. 사람들의 정서가 다르고 환경이 평화로운 탓에 인심이 후하고 정서가 낙천적이었다. 감수성이 예민할 때 농촌에 들어가게 된 것은 계획한 일이 아니었다. 도시에서만 살았던 나에게는 모든 것이 생소하여 매력이 있었다.

신학대학을 졸업하고 몇 년 동안 농촌 교회 전도사로 부임하여 목회를 시작하게 되었다. 그 당시는 전도사로만 한평생 목회하는 경우도

흔했다. 그래서 나는 반드시 목사가 되어야 한다는 책임감 또는 사명감이 없었다. 신학교에 들어가기 전에는 목사가 되려는 꿈이 아예 없었다. 상상을 한 적도 없었다. 주변에서도 나에게 목사가 되라고 한 사람은 단 한 명도 없었다. 우리 교회 Y목사도 내게 직접 목사가 되라고는 말하지 않았다. 다만 나의 어머니에게만 아들이 장차 목사가 될 것 같다고 말했다. 어머니는 당치않은 소리로 여겼다. 그러니 나도 전도사를 천직으로 삼고 싶었을 뿐 목사가 될 생각은 없었다. 동창들이 대학 졸업과 동시에 바로 대학원으로 갔을 때도 나는 전혀 동요되지 않았다.

내가 아무 생각 없이 농촌 교회에서 목회하는 사이에 동창들은 목사가 되었고, 후배들도 목사가 되었다. 3년이 흘렀지만 갑자기 목사가 되고 싶지는 않았다. 목사가 되면 직업인이 된다고 생각 되었고 그것이 싫었다. 농촌에서 목회를 하며 사귄 외국 선교사가 있었다. 그 친구가 나에게 그런 정신을 심어 주었다. 그런 정신이 내게는 신선하게 전달 되었다. 나는 그 선교사를 무척 닮고 싶었다.

그 친구는 네덜란드 국적을 가진 평화 사절단원이었다. 영어 교사를 하면서 복음을 전하고 있던 그와 나는 가끔씩 농촌의 장터를 순회하면서 노방 전도를 다녔다. 청렴한 그의 모습이 목사보다 훨씬 순수하게 보였다.

농촌에 정이 들어서 평생 농촌에 살겠다는 결심은 늘 그대로 있었다. 그러던 어느 날 나의 심경에 변화가 생겼다. 전도사로는 정상적인 목회를 하기 어렵다는 판단을 하게 되었다. 성도들에게 세례를 베풀

수도 없고 성찬식을 집례하지도 못 했다. 결혼 주례도 외부의 목사를 초정해야 했다. 목회를 하려면 목사가 되는 것이 교인들에게 유익했다.

그 길로 마음을 바꾸었다. 진학 서류를 구비하여 서울로 가는 지망생 편에 원서를 접수시켜 달라고 의뢰했다. 원서 접수는 본인이 아니라도 상관없을 것 같았다. 그 때까지 나는 서울에 가본 적이 없었다. 나는 내가 가느니 후배에게 부탁하는 것이 더 안전할 것이라 생각했다. 내 동창들은 이미 다 끝이 나고 나 혼자만 후배들 사이에 끼였던 것이다.

그 덕에 서울 가는 여비는 절약 되었다. 교회에 허락을 받고 공부를 하게 되면 주일마다 서울에서 내려와 설교를 해야 했다. 그러려면 교통비도 만만찮고 공부에도 지장이 있었다. 그런데 교회에서 매월 한 번만 오도록 배려해 주었다.

드디어 대학원 시험을 치루기 위해 서울에 갈 날이 잡혔다. 태어나 처음으로 서울 구경을 하는 날이기도 했다. 하루 전 날 올라가서 아현동에 있는 M집사를 찾아갔다. 피난 시절 우리 교회에서 친하게 지냈던 분이었다. 미리 편지로 하루만 신세를 지겠다고 양해를 얻어 놓고, 거기서 쉬고 아침 일찍 시험장으로 갔다. 그런데 예상 못한 문제가 생겼다. 시계가 없어서 지각을 하고 말았다. 이미 첫 시간 시험은 끝나고 둘째 시험이 시작할 즘 도착을 했다.

허둥대며 시험장에 들어서니 빈자리가 없었다. 자세히 살펴보니 맨 앞에 빈자리가 있어서 그 자리에 가서 앉았다. 담당 교수가 다가와 시험지를 주며 빙긋이 미소를 지었다. 안심을 시켜주려는 마음이 무척 인상 깊게 느껴졌다. 첫 시간 수험생을 점검할 때 나 혼자만 빠졌던 것이다. 전국에서 지원한 지원자가 다 왔는데 나만 없어서 이름을 계속 불렀던 것 같다. 그런 탓인지 모두 내 이름을 알고 있었다.

시험지를 써내려 가는데 정신은 첫 시간을 놓친 것 때문에 걸려 제정신이 아니었다. 첫 시간은 교장의 과목인 조직 신학이었다. 학교 총수의 대표 과목을 불응했으면 시험 결과는 이미 끝이 난 것이나 다름없었다.

얼마만에 치루는 시험인데 여기서 탈락하면 인생이 끝이라는 공포심이 밀려왔다. 시험 답안지를 교수 앞에 내어놓고 밖으로 나왔다. 시험을 총괄하는 서무 과장이 나를 보고 안타깝다는 목소리로 왜 늦었느냐고 물었다.

나는 아무 것도 잘못한 것이 없었다. 하지만 시계가 없어서 늦었다는 말은 차마 할 수가 없었다. 그 길로 교장실로 들어갔다. 꾸벅 절을 하고 시골에서 처음 올라온 탓에 정시에 도착을 못해 첫 시간 시험을 놓쳤다고 신고를 했다.

그리고 놓친 시험을 치르게 해 달라고 간청을 했다. 교장은 나를 물끄러미 바라보더니 시험을 다 치른 후에 다시 오라고 했다. 그 말은 기회를 주겠다는 뜻이 분명했다.

결국 그날 나는 교장실에서 응시 못한 한 과목을 마저 칠 수 있었다. 합격자 발표는 성적순으로 게시한다고 했다. 다행히 내 이름이 맨 위에 있었다. 그날 시험장에 있었던 사람들은 나를 괴물처럼 취급했다.

그렇게 나는 목사가 되는 수순을 밟아갔다. 목사가 되면 현재 교회는 사면을 해야 했다. 그래서 졸업을 한 후 새 교회를 찾았다. 마침 다른 지방에서 면접을 오라는 연락이 왔다. 면접의 주된 절차는 설교를 하는 것이었다. 그러고나서 서로 의견을 맞추는 일이다. 나는 연락을 해 온 교회에 가서 설교를 했다.

교인들은 환영했고, 나는 그 교회로 갈 것을 약속했다. 사택을 수리할 시간을 달라고 해서 한 달의 여유를 두기로 하고 이사할 비용을 받아 돌아왔다. 한 달 후 나는 새 교회에서 목회를 하게 되었다.

그리고 거기서 목사 안수를 받는 걸로 하였다. 한 달 동안 전도사로 섬긴 교회에 사표를 내고, 송별회를 하고, 새로 부임할 교회의 사택 수리에 맞춰 이사를 하려니까 시간이 붕 떠서 이삿짐을 중간에 있는 우리 본가에 잠시 맡겨 놓기로 했다. 한 달의 공백은 신나는 보너스였다.

공부도 다 끝났고, 새로 부임할 교회도 결정 났고, 그래서 콧노래를 부르면서 나의 모교회에 인사차 찾아갔다. 담임목사실로 먼저 들어가니 목사님이 반갑게 맞아 주었다. 나는 그간의 일을 보고했다. 당연히 축하해줄 줄 알았다. 그런데 목사님은 무슨 일을 그렇게 했느냐고 내게 꿈도 없느냐며 크게 나무라는 것이 아닌가. 나는 무슨 영문인지 몰라서 머리가 어지러웠다. 목사님의 의향을 들으려고 정신을 가다듬고 목사님의 얼굴을 뚫어지게 쳐다봤다.

목사님은 매사 아주 정확하고 뛰어나게 판단을 하는 분이었다. 허세나 과장이 없고 항상 멀리 내다보는 혜안이 남다른 지도자였다. 나는 무엇을 잘못 했는지 전혀 감이 오지 않아서 어떻게 해야 될지 모르고 기가 푹 죽어 있었다.

목사님은 "이봐"라며 입을 떼셨다. '도대체 어쩌려고 또 농촌으로 임지를 정했느냐'는 것이 요지였다. 나는 그제서야 농촌 교회로 가기로 한 것이 잘못 결정한 거라는 걸 알았다. '농촌이 좋다는 사람은 자기가 무능하다는 뜻'이고, 농촌이 편하고 쉽다고 모두 농촌으로 들어가면 도회지 교회는 어떻게 되겠느냐고 말에 날을 세웠다. 목사도 농촌에 갈 사람이 있고 도회지로 갈 사람이 있다고 했다. 그러면서 목사는 적성에 맞게 임지를 찾아야 하나님도 도와주신다고 했다.

그 말끝에 나는 반문으로 반항했다. 내가 농촌 교회에 맞지 않는 이유가 뭐냐고 물었다. 목사님은 내게 이유가 열 가지가 있다면 아홉 가지가 도시형이라고 했다. 나는 동의하지 않았으나 도시 교회가 싫다고는 말하지 않았다. 그런 생각은 나의 자격지심일지도 몰랐다. 나는 신앙의 배경이 다른 신학생보다 훨씬 미약했고 체격이 외소하고 외관이 남성치고는 내세울 것이 없었다. 그런 열등감이 도시를 기피하게 한 것이 아닐까 싶었다.

그런데도 나를 도시형이라고 단정 짓는 목사님은 정말 고마운 분임에는 틀림없었다. 나는 내 마음을 흔들어 놓은 그 목사님께 의지하고 싶었다. 그리고 어쩌면 좋겠느냐고 대책을 여쭈어 봤다. 시키는 대로 하겠다는 낮은 태도로 나아갔다. 그제서야 빙긋 미소를 지은 목사님은 당장 취소하라는 한마디만 했다. 그런 엄명을 내린다는 것은 자신감을 주는 것처럼 보였다. 그 다음은 어떻게 하느냐고 내가 묻기도 전에 취소하고 기다리면 되지 않느냐고 답했다.

도시에는 교회가 많았다. 그러나 비어 있는 자리는 없었다. 그래서 기다리라는 것이었다. 나는 앞이 캄캄했다. 취소할 용기도 없거니와 기다릴 자신이 없었다. 그래서 집으로 돌아와 어머니께 의논을 했다. 어머니는 내 의향부터 물었다.

어머니는 당연히 내 당초의 의향대로 편을 들 줄 알았다. 이미 약속을 하고 이사 비용까지 받았다면 그건 선약이 아니냐며 취소하면 전도사 꼴이 뭐가 되겠느냐고 하실 줄 알았다. 그렇게 되면 나는 어머니를 핑계 삼아 먼저의 약속을 지키려했다.

그런데 어머니는 생각을 오래 하지도 않고 '취소하라'고 했다. 좀 생각을 해 본 후에 그런 결정을 해야 되지 않느냐고 나는 어머니께 또 한 번의 항의를 했다. 그랬더니 나를 보고 머리가 그렇게 나빠서 어떻게 하려느냐고 구박을 했다.

"네 생각이 맞겠느냐, 목사님 생각이 낫겠느냐"라는 말로 결론을 냈다. 그리고 받아 온 이사 비용을 내놓으라고 했다. 어머니는 그 이사비가 든 봉투를 들고 그 길로 내가 가기로 약속한 교회를 찾아갔다.

어머니는 아들이 올 수 없는 사정이 생겼다고 전했다. 더 좋은 교회로 가기 위해 취소했다는 오해를 받아 어머니가 많이 곤욕스러웠지만 어미가 잘못 가르쳐 그러니 용서해 달라고 많이 사과하고 돌아 온 것 같았다.

가겠다고 약속한 교회를 못 가겠다고 취소하는 경우는 흔한 일이 아니다. 어머니가 아들을 대신해 총대를 매는 것도 쉬운 일이 아니다. 그곳을 다녀온 어머니는 해결하고 왔으니 그리 알라고 말했을 뿐 다른 말은 없었다. 그 뒤에 나는 교인들이 시위를 벌여서 곤욕을 치렀다는 후문을 들었을 뿐이다.

나는 이후 내 진로를 권면해준 목사님의 판단에 두고두고 감탄했다. 나는 대구에서 목사 안수를 받았고, 그곳에서 목회를 하였다. 그리고 이후 미국으로 건너가서 뉴욕에서 이민 목회를 하던 중에 서울로 불려가서 목회를 하였다. 계획에 의해서가 아니라 그렇게 되어졌다.

내가 뉴욕에서 서울로 왔을 때는 오십 중반을 넘었을 때다. 미국에서 종신할 것 같았으나 그렇게 되지 않았다. 그 또한 나의 의사와 상관없이 일이 진행 되었다. 불가피한 사정으로 낙향한 셈이다. 그 후 대전에서 목회를 하였고, 정년을 채우고 은퇴식을 한 후 미국으로 다시 돌아왔다. 필라델피아에서 하게 된 미국에서의 목회는 지금까지 이어지고 있다. 대구, 뉴욕, 서울, 대전, 필라델피아 5대 도시에서 목회를 한 것이 된다.

그렇다면 어머니의 감각도 탁월하지 않았나 싶다. 어머니가 그 때 '네가 벌인 일을 네가 수습하라'고 했더라면 나는 절대로 취소하는 일은 없었을 것이다. 결과적으로 어머니의 결단이 오늘의 나를 있게 한 것이다.

목사님과 어머니는 내 목회지를 두고 서로 의논한 적이 없었다. 도시 교회로 가라던 그 목사님이 서울에서 목회 중일 때는 나도 서울에서 함께 목회를 했었다. 뉴욕에 있을 때는 우리 교회에서 부흥회를 인도하신 적이 있다. 그 때 목사님에게 나를 도시 교회로 가지 않고 농촌으로 간다고 호통쳤던 일을 말씀 드렸다. 어떻게 그런 과감한 판단을 하셨는지 감사하다는 인사를 했다. 그랬더니 목사님은 그런 당연한 일은 기억에 담아 두지 않는 것이라고 대답했다.

큰 인물은 자기의 과업을 기억하지 않는가 보다. '그봐 내가 그랬잖아'라고 말하는 소인들이 얼마나 많은가.자기의 공은 잊고 산다고 말한 목사님의 말은 두고두고 내게 도전이 되었다.

그 때 취소가 해결로 이어진 것은 아니었다. 나는 결국 일 년은 기다릴 생각을 하라고 해서 처가에서 지냈다. 그렇게 막중한 모험을 시작하며 고독과 싸우고 있을 때였다. 일 년이 아니라 한 달 만에 어머니가 달려오셨다. 목사님의 전갈을 들고서였다.

그 달 마지막 수요일 밤에 설교를 들어보겠다는 통보였다. 설교는 최종 단계 테스트이기 때문에 어머니가 얼마나 독촉을 하셨기에 이렇게 속달로 기별이 온 것일까 생각했다. 그러나 어머니는 절대 내색할 분이 아니었다.

당시는 목회자 청빙을 신문으로 공고하던 시대가 아니었다. 방방곡곡을 헤매고 다닐 일도 아니었다. 임지가 빨리 결정 되지 않으면 연쇄반응이 속출될 수밖에 없었다. 물론 처가에도 타격이 생긴다. 속수무책으로 있을 때 어머니가 떴다.

나는 그 길로 대구 성광교회에 달려가고 싶었다. 나에게 설교할 기회를 주어서 감사하다는 인사를 하고 싶었다. 그러나 설교가 합격되기 전에는 문을 열어 주지 않을 것이었다. 열심히 설교 준비를 하는 것만이 나의 할 일이었다.

자꾸 대구 성광교회가 눈에 어른거렸다. 그런 교회 전도사로 결정되면 효도가 될 것 같았다. 어머니는 내가 잘 되어야 아버지께 면목이 섰다. 그리고 믿지 않는 집안의 모든 사람들에게 자랑 거리가 될 것이었다. 나는 무거운 책임을 지고 설교 준비에 매달렸다. 요한복음 3장

16절 '하나님 사랑' 설교 준비가 한창인데 아내가 걱정이 되는 모양이었다. 그 성경은 모르는 사람이 없는데 다른 설교가 어떠냐고 했다. 나는 지금 설교 시험을 준비 중이라 채점을 잘 받는 것이 중요하다고 설득했다. 드디어 그 날이 왔다. 설교가 실격이면 끝이었다.

성광교회는 중앙로에 높다랗게 우뚝 서 있는 교회였다. 북한에서 온 성도들이 세운 소문이 좋은 교회로 성도들 대다수는 주로 평양을 중심으로 결집 된 교우들이었다. 당시 보통의 다른 교회들이 마루식이었던 데 비해 좌석도 제일 먼저 의자로 비치한 세련된 교회였다. 성가대도 동경제대 출신 음대 교수가 지휘 했고, 교회 운영도 탄탄했다.

결전의 날 나는 19분 만에 설교를 끝냈다. 하나님 사랑은 우리가 이해할 수 있는 사랑이 아니라는 주제의 설교였다. 사람은 사랑할 때 이유가 있어야 하나 하나님은 그 반대라는 내용이었다. 다행히 다섯 명의 심사위원이 만장일치로 후한 점수를 주었다.

나는 그날의 설교원고지를 평생 갖고 다녔다. 대학 노트 한 장에 쓴 그 원고를 너덜너덜해지도록 지니고 다녔다. 나는 그때 이후로 설교 시험을 치르고 교회에 들어간 적이 없다. 그래서 그 한 장의 설교 원고는 매우 의미가 깊다. 나중에는 너덜해진 그 원고를 코팅해서 갖고 다니다가 최근에 사랑하는 후배에게 선물했다.

그 날로 나는 도회지 목회자가 되었다. 아직은 전도사 신분이지만 도시 경험은 목사 청빙 때 직접 영향을 끼쳤다.

성광 교회는 이후로도 나의 가능성을 시험하는 시험대가 되었다. 나는 주일학교와 학생회를 맡았고 심방과 교육 행정을 전담했다. 목사님이 고혈압으로 자주 설교를 내게 맡겼는데 그러다보니 몸은 하나인데 업무량은 늘 초과상태였다.

그래도 즐겁게 감당했다. 그런 것도 내 체질을 검증할 요인이라고 생각했다. 그럴 때 강도사 고시를 합격했다. 그 사이 시골 전도사 때 낳은 '전도사 아들' 밑으로 아내가 딸을 낳아서 남매가 되었다. 둘째는 강도사 때 났으니 '강도사 딸'인 셈이다. 셋째 딸은 목사 때에 낳았다. 목사 딸이다. 지금 모두 미국에서 가까이 살고 있는데 참 재미있는 것은 목사 딸이 제일 잘 산다는 거다. 그리고 둘째 강도사 딸이 그 다음으로 잘 산다. 남은 전도사 아들은 그 다음이다. 내가 목사가 되기를 잘 한 것 같다. 목사가 되지 않겠다고 계속 버텼다면 자식들에게 원망을 들을 뻔 했다. 나는 목사가 되지 않겠다고 서원하거나 누구에게 맹세한 적은 없다. 나 혼자 좀 특별한 세계를 동경한 것 같다. 젊음의 환상을 즐기는 미숙한 탓이 아니었던가 싶다. 알고 보니 나는 현실 감각이 둔하다는 것을 종종 느낀다. 자칫하면 신앙을 빙자하여 현실을 외면하는 위선을 즐겼을지 모르겠다.

도시란, 나라의 수도이며 동시에 문화의 중심지이다. 경제의 통로이며 복음의 정점이다. 도시를 정복하면 모든 것을 장악한다. 바울도 도시로 갔고 베드로도 그랬고 야고보는 도시에서 순교했다.

복음은 사람을 찾아간다. 내가 도시로 가지 않았더라면 힘의 절반도 쓸 수가 없었을 것이다. 도시에는 학교가 밀집 되어 있다. 나는 한국에서 목회를 할 때 중학교와 고등학교, 대학교 교목을 두루 거치면서 복음을 전했다.

학교 선교가 나의 체질과 잘 맞았다. 그 효과로 큰 보람을 느꼈다. 뉴욕에 있을 때 대학생 선교회를 도울 수 있는 기회가 있었는데, 여러 대학을 두루 다니면서 설교를 했었다. 맨해튼에서도 몇 개의 대학을 맡았었다. 뉴욕에서는 대학생 선교회 목회자 후원회를 만들었고 이후 학생들의 선교를 지원할 협력체가 되었다. 대학을 찾아다닐 때 젊은 학생들과 함께 열정을 쏟을 수 있었던 것은 도시 교회를 섬기고 있었기 때문에 가능했다.

최근 몇 년 동안은 신학교에서 강의를 하기도 했다. 장차 주의 종이 되려는 학생들에게 나는 내가 만든 교제로만 강의를 했다. 시대가 변천하는 속도를 따르지 못하는 구시대 교재를 현대 흐름과 감각에 맞게 교재를 만들었다. 그럴 수 있었던 것도 도시 덕분이었다. 나를 보고 '너는 도시형'이라고 규명해 준 그 혜안을 기꺼이 받아들인 나의 판단은 내가 만들어낸 것이 아니라 다른 사람의 조언이었다. 남의 권면을 들을 수 있는 감각도 도시의 영향 같다.

나의 어머니는 시골에서 시골로 시집을 갔다. 세월이 흐르고 보니 도시로 분가를 내어 준 할아버지의 선견지명도 모두 하나님의 예정 안에 들어 있었다는 확신이 생긴다. 어머니도 그런 인연으로 복음을 받게 된 것이 틀림없다.

농촌에는 교회가 없었다. 믿는 사람도 없었다. 권하는 사람도 없는 시집에서 살 수 없게 된 것도 우연은 아니었을 것이다. 도시는 범죄가 많이 일어난다. 도시는 힘이 있다. 복음으로 그 힘을 바르게 쓰도록 개선해야 한다. 출세를 위해서가 아니다. 사도 바울이 내가 로마를 가야 하리라고 한 것은 결코 출세와 돈, 향락 때문이 아니었다. 일을 효과적으로 하려면, 그리고 좀 더 본격적인 '소득'을 얻으려면 도시만큼 월등한 곳이 없다.

한편으로 농촌을 건강하게 하려면 도시의 소비층과의 유대도 절대적이다. 도시와 농촌은 함께 공존하는 파트너다. 상부상조하는 동지다. 대결하거나 비교할 대상이 아니다. 제각기 할 일을 하면 된다. 마치 농촌을 사랑하면 애국자 같고 도시를 선호하면 속물로 취급하는 오해를 받을 때가 있는데, 나는 농촌을 좋아하는 사람이 있어서 다행이고 도시를 희망하는 사람이 많아서 그 또한 다행이라고 생각한다. 도시 교회 목사는 성공한 목사, 농촌 교회 목사는 무능한 목사로 평가하는 것은 그러므로 큰 오류다.

나 같이 단순한 사람은 당초 그런 구별이 없었다. 처음부터 그런 사이가 아름다운 조화였고 특색 있는 대조였다. 서로 자랑하고 서로 동경하면서 살아가는 것이 멋이고 낙이다. 거기서 거기, 거기가 거기다. 농촌은 정서, 도시는 능률이다.

오래 전, 농촌에 사시는 어른을 서울로 안내한 적이 있었다. 어른은 서울에 사는 아들을 보러 가는 길이었다. 가족 중에 아무도 시간을 낼 수 없는 형편이어서 내가 학교로 가는 날 모시고 가기로 했다. 완행열차를 타고 아홉 시간만에 서울역에 도착했다. 나는 너무 지루했건만 그 어른은 벌써 다 왔느냐며 아쉽다고 했다. 시골 노인은 기차를 좀 더 타고 갔으면 좋겠다고 했다. 그때 나는 속으로 시골 사람은 낭만을 즐기는데 도시 사람은 시간에 쫓긴다고 속으로 생각했다.

그러니 자기가 좋은 대로 살아가면 되는 것이 인생이 아닌가 싶다.

✱ 농촌은 정서, 도시는 능률이다.

실천은 자원이고 순종은 굴욕이다

· · · ·

예수는 순종을 한 번도 가르친 적이 없다. 사도들은 실천이 없는 신앙은 죽은 것이라고 강조했다. 신앙을 실천이라고 보는 것과 신앙을 순종으로 보는 것과는 엄청난 차이가 있다. 성경은 실천이고 교회는 순종이다. 실천은 자원이고 순종은 굴욕이다. 하나님은 선악과를 만들 때부터 순종을 요구하지 않고 명령을 실천하라고 자유를 주셨다. 순종을 목적으로 인간을 만드셨다면 하나님의 창조는 실패다. 순종은 인간이 요구하는 것이다. 하나님께 아첨하는 지도자의 추태다. 성경에는 행함이 없는 믿음은 송장이라고 정의했다.

chapter 04 좋은 준비된 길을 간다

"주의 종은 자기가 길을 닦는 것이 아니다"

    나는 전도사 10년째 되던 해에 강도사가 되었다. 전도사는 수습이고 강도사는 설교를 할 자격을 부여 받는 예비 목사이다. 강도사가 된 그 해는 내 인생의 전환기가 아니었을까 싶다. 처음 전도사로 개척교회에 파송을 받은 곳이 달성군 E교회였다. 두 번째는 선산군 L교회, 세 번째는 고령군 U교회였다. 그리고 네 번째 교회가 선산군 L교회였다. 거기서 농촌 생활을 마감하고 도시로 나오게 되었다.

    그 동안 나는 농촌 전도사로 몸이 적응되어 있었다. 그러다보니 도시로 나오면서 모든 것을 새롭게 시작해야 했다. 잘 하려고 생각만 해도 피곤했다. 나는 잘하는 것이 없다. 그리고 잘 못하는 것이 뭔지도 잘 모른다. 잘하고 잘 못 하는 것이 평가의 기준에 따라 달라지는 것이므로 그런 것은 관심의 대상에 두지 않으며 살았다. 스스로 잘 하고 있을 때가 중요하다고 생각해서 아무 기준도 따르지 않고 새로운 것을 추구하기에 바쁘게 보냈다. 붙잡고 싶거나 본받고 싶은 대상이 눈에 들어오지 않을 때였다. 나의 그런 취향은 도시 목회와 잘 맞물렸다.

농촌에서는 처음 보는 사람을 낯선 사람이라고 경계하는 경향이 있다. 반면 도시 사람들은 처음 보는 사람에게 호의적이다. 사람을 보는 것부터 농촌과 도시는 달랐다. 농촌에서는 처음 보는 것은 경계하거나 기피한 반면, 도시에서는 처음 보는 것을 새롭다며 매력 있어 했다. 그런 면에서 나는 도시형에 적합했다. 도시 교회는 사역을 해볼 만한 기회였으며 시험대였다.

우선 그 동안 내가 해온 교육 방법을 개혁했다. 광고를 하고 별스럽게 하는 것은 아니었다. 아무도 모르게 프로그램을 실습했다. 무슨 일이든지 일이 잘 되도록 계획안을 만들었다. 가장 결정적인 실험은 차별화였다. 그리고 전혀 경험해본 적이 없는 빈틈을 공략했다. 서둘거나 요란하게 굴거나 너무 생소하게 들이대면 거부 반응이 생겨 반항심이 일어난다. 의외로 똑똑한 지도자에게서 그런 실수를 발견한다. 그러나 그런 교육은 실패하기가 쉽다. 전도사는 교사다. 교육을 담당하려면 심리학도 통달해야 한다. 해서 당시 교육 심리학은 빠뜨린 책 없이 읽어 나갔다.

그런 기초 위에서 차곡차곡 현재 하고 있는 것보다 한 치 정도만 차별을 느끼게 지도했다. 영리한 아이들은 그런 것을 놓치지 않았다. 학생들은 짧은 시간 안에 적응했다. 그러자 새로운 것에 목말라 있는 교사들과 청년들이 다가왔다. 어린 학생들보다 훨씬 강한 흡인력을 가지고 있는 그들로 인해 나는 이내 미래형 전도사로 어필 받았다. 당초 나는 시키는 대로 해도 전도사고, 관행대로 해도 전도사라 생각했다.

그래서 나의 미래를 위해 출발선을 거기서 실험했다.

신학교 기숙사 시절이 나의 마지막 학생 시절이었다. 서울에서 지낼 때였는데, 서울을 알면 대한민국을 알게 되고, 서울에서 인정을 받으면 대한민국 어디서도 인정받을 수 있다는 걸 알게 되었다. 당시 서울에서 전도사로 섬길 교회는 없었다. 자유롭게 견학할 좋은 기회이기도 했다. 이참에 좀 더 배울 것이 많은 교회를 다니며 배워 보기로 결심했다.

마침 고향친구가 섬기고 있는 C교회에 성가대원으로 봉사할 기회를 얻었다. 서울 중심에 위치한 C교회에서는 주일에 시골 교회로 내려가던 일을 휴가로 배려해 주었다. 그렇게 나는 시골 교회 담임 전도사에서 서울 교회 성가대 베이스 파트 봉사자로 파격적인 변신을 했다. 교회는 성가대원도 오디션을 봐서 들어가게 되어 있는, 서울에서도 시스템이 잘 갖춰져 있는 곳이었다. 나는 임시로 베이스 파트 예비 대원이 되었다. 지휘자는 서울 시향의 첼리스트였다. 교회 담임목사님은 독일에서 공부한 사회학 박사였다. 그분의 은혜로운 설교를 듣고 나는 입이 떡 벌어졌다. 그 교회는 장로교회였으나 내가 속한 교단은 아니었다. 학교에서 알면 나를 퇴학시킬지도 모를, 신학적으로 많이 대립각을 세우는 교단이었다. 그런 줄 알고도 나는 그 교회에 꾸준히 나갔다. 나이가 비슷한 대원들과도 금방 친구가 되었다. 성가대원들 중에는 주일학교 교사가 많았는데, 어느 주일에 주일학교 견학을 하게 되었다.

내게 동화를 해 달라고 부탁해 왔는데 못할 이유가 없어 제안을 수락했다. 그것 역시 실험이었지 싶다. 이후 주일학교에서 교사로 들어

오라는 제안이 들어왔다. 나는 주일학교에 들어가서 하라는 일을 조금씩 시작했다. 친구가 그 교회에서 활약이 퍽 컸는데 직장도 좋은 편이어서 인기가 높았다. 어느새 여름 방학이 다가왔다. 하기 학교 강사를 한 명 뽑아서 장학금을 주는 행사가 있었다. 전 교사가 모여 투표를 했다. 주변에서 내게도 신청을 해 보라고 권유했다. 쟁쟁한 서울 학생들로 가득한 곳에서 어림도 없는 촌사람이었던 나는 극구 사양했지만 아마도 친구가 억지로 신청을 했던 모양이다.

아무 기대를 않고 잊고 지내던 중이었다. 교사회에서 투표를 했다. 교사들은 여교사 비율이 좀 더 높았다. 저마다 자기학교 학생을 밀고 있었다. 나는 친구가 줄 표 하나밖에 없었다. 그런데 내가 당선이 되었다. 이유는 지금도 모른다. 무슨 꼼수도 없었다. 여교사들 사이에서 내가 아이들 다루는 솜씨가 좋다고, 자녀들을 맡기고 싶다는 여론이 있었다고도 했다. 덕분에 나는 그 일을 앞두고 표준말 연습을 피나게 했다.

하기 학교를 잘 마치자 이번에는 중등부 교사들이 나를 찾아왔다. 중등부 하기 학교를 부탁하기 위해서였다. 중등부에는 전체를 지도하는 목사가 있었다. 나는 며칠 동안 스페셜 강사로 설교를 했다. 나이 많은 권사님들이 중고등부에 있었는데, 오래 되고 노련한 교사들이었다. 내가 이십대였으니까 총각인 줄 알았던 것 같다. 중매를 서려고 하는 이도 있었다.

마지막 학기인 가을이 되었다. 재정이 넉넉했던 교회에는 오래 전부터 장학회가 결성 되어 있었는데 그 학기에 장학생을 모집했다. 학교장의 추천만 있으면 되니 내게도 신청해 보라는 권유가 있었다. 내가 다니는 학교는 장로교 중에 가장 보수파였고, C교회는 장로교 중에서도 가장 진보파였다. 그래서 내 서류가 접수 되었을 때 장학회에서는 상당한 고민을 했다고 들었다. 아직 장학회가 생긴 이래로 내가 속한 교단의 학생이 신청한 역사가 없었기 때문이다. 그러나 교회에서는 무심사로 합격을 시켰다. 경계하지 않는다는 일종의 호의적 사례이길 바랐던 것 같다. 나는 그때나 지금이나 교단은 소속이지 신앙은 아니라고 생각한다. 보수와 진보는 손바닥과 손등의 관계이기 때문이다. 진보가 없으면 보수도 없다. 보수가 없으면 진보라는 말도 없다. 싸울 일이 아니라 서로를 참고하면 더욱 좋을 수도 있다.

당시 남산에 있던 기숙사에서 지내고 있던 내게 가족은 학생들이었다. 그들과 한집에서 자고 밥도 같이 먹었다. 행정 구역상 서울시 중구 회현동에 있던 그 기숙사에서 나는 가족을 떠나 혼자 지내면서 외롭지 않게 사는 방법을 찾았다. 남산을 구경하는 것은 성겁고 심란했다. 기숙사에서 아래쪽으로 내려가면 남대문시장인데 돈 없는 학생에게 시장 구경이 재미있을리 없었다. 시장을 건너가면 명동이었다. 거기에서 명동으로 들어가는 좁은 골목이 나오는데 고서를 파는 서점이 빽빽했다. 그곳을 뒤지고 다니는 재미가 가장 쏠쏠했다. 별별 고서가 즐비하게 진열되어 있었고, 돈 몇 푼만 있으면 볼 만한 책들을 얼마든지 살 수 있었다. 그 고서점 중에서도 상품 가치가 떨어진 폐지 같은 것을 뒤져도 금쪽 같이 귀한 것을 만날 수 있었다. 그런 것을 수집한 주인은 안목도 대단했지만 가난한 학생들에게 선심을 베푸는 것이 고생을 아는 사람같았다. 나는 그곳을 자주 가서 적지 않게 위로를 받았다. 그 덕분에 귀한 책 한 권을 얻었다. 그 책이 아니었다면 오늘의 나로 이렇게 발전하지 못했을 것이다.

나는 목회자로서 배경이 별로 없다. 맨땅이나 다름 없는 곳에서 시작했다. 그 맨땅에 살던 나를 아는 이웃 사람들이 있었다. 그들이 나의 증인이기도 하다. 그들은 내가 가난한 집 아들이라는것을 알고 있었다. 그리고 아무 빽도 없다는 것까지 훤하게 알고 있었다. 그렇다고 부끄러울 것은 없었다. 그들은 내게 개천에서 용이 났다고 했다. 그 말은 내가 목사가 되었다는 소문을 듣고 동네 아주머니들이 우리 어머니에게 해준 고마운 축하 인사이기도 했다. 아무런 사심도 없이 좋은 뜻으로 선심을 쓴 말이었다.

나는 동네에서 착한 학생으로 평판이 났었다. 동네 아이들을 끔찍하게 좋아한 탓에 장차 좋은 일을 할 사람이라고 나의 미래를 축복해 주었다. 돈을 써서 인심을 얻기는 어렵다. 맨 입으로 할 수 있는 것이 내게는 있었다. 우리 집 앞에 거적을 깔아 놓고 아이들을 모으면 삽시간에 동네 꼬마들이 다 모여들었는데, 그러면 내가 재미있는 동화를 들려주었다. 학교에서는 절대로 들을 수 없는 동화였다. 교회에서도 들어본 적이 없는 새롭고 신나는 동화였다. 나는 세상에서 처음 듣는 동화를 내 마음대로 구사할 수 있었다. 그것이 나의 재산이고 나의 특기였다. 어떤 유명한 동화집에도 나오지 않는 완전한 새 동화였다.

동화를 창작해서 아이들이 좋아하는 환상을 충족시켜줄 동화 구연을 하면 아이들의 엄마들도 좋아했다. 어떤 아주머니는 자기 아이 이름을 지어 달라고 부탁한 적이 있었다. 나는 그날로 이름을 지어 주었다. 아주머니의 남편은 경찰관이었는데, 이름을 지어 준 사람에게 답례를 하는 법이라고 선물을 가져오기도 했다.

신학생은 무슨 소리를 해도 착하게 들어주는 잇점이 있었다. 동네 사람들은 그런 이유로 나를 용이 되었다고 한 것 같다. 하지만 그 용은 누굴 도와준 업적이 없다. 다만 소자에게 용기를 주고 약자에게 희망을 주고 패자에게 위로를 준 정도는 있었을 것이다. 그런 것은 용이 아니라도 하면 되는 아주 아주 쉬운 일이다. 그러나 동민들의 축하는 참 고마웠고 어머니가 주는 상이라고 생각했다. 어머니는 나에게 금상보다 더 값진 보배라도 주고 싶었을 것이다. 어머니는 칭찬을 잘 하지 않았다. 사람이 칭찬에 익숙해지면 귀가 간사해진다. 쓴 소리를 소화시키지 못한다. 어머니는 내가 그런 사람이 되면 안 된다고 생각했을 것이다. 그런데 그런 분이 나에 대한 기대는 하늘을 훨훨 날아 다니는 환상을 꿈꾸고 있었던 것 같다.

나는 어디를 갈 때도 어머니 손을 잡고 다니지 않았다. 내가 손을 잡으면 어머니는 냉정하게 뿌리치셨다. 사내 녀석이 그러면 약골이라고 하셨다. 어머니 치마폭을 잡는 것은 말리지 않았다. 나의 어머니는, 엄마가 아이를 잡아 주는 엄마가 아니라 아이가 제 손으로 잡고 놓지 않는 아이를 만드셨다. 남자란 스스로 자기 길을 헤쳐나가는 능력이 있어야 한다고 가르친 것이 어머니의 교육 방침이었다.

내가 훗날 목사로서 내 길을 떳떳하게 갈 수 있는 동기를 부여해준 스승같은 한 권의 책이 있다. 나의 잠재력을 유감 없이 깨워 준 책이다. 그 책에는 학습에 문제가 되는 것이 무엇이고, 왜 공부를 못하게 되는지 그 이유를 분석해 놓은 교육공학에서였다. 공부를 못하는 것이 아니라 공부가 왜 안 되는지 연구하여 실험한 책이다. 공부의 효과와 장애를 이해시킨 책이었다. 학생의 잘못이 아니라 교사가 실력이 없다는 연구로 이해되기도 했다. 그런 소리가 아주 생소한 것은 아니었다. 인사를 했는데 받아주지 않거든 인사를 잘 못한 줄 알고 다시 하라는 옛글이 있다. 그 말과 같은 맥락이 아닐까 싶었다. 나는 동양의 지혜가 서양의 것보다 먼저라고 봐도 틀리지 않다고 보는 쪽이다. 다만 그 지혜를 구체화 하는 현실성이 떨어지는 것이 약점이라면 약점이라 생각한다.

그 책에서는 교사를 나무라지 않았다. 교사를 도와주는 책이었다. 교사도 몰라서 못하는 것을 족집게처럼 짚어주는 기발한 기계를 만들었다. 선진국에서는 학생이 기계를 앞에 놓고 손수 조작하면서 학습을 한다. 문제를 푸는데 그 속도를 기계가 수치로 알려 준다. 두 학생이 함께 수업을 하는데 A학생은 두 번만에 답을 했다. B학생은 같은 시간에 답을 얻지 못했다. 그럴 때 B학생은 한 번 더 시도하면 된다. 그때 B학생이 A학생보다 몇 번을 더 시도하는지 그 차이를 파악해서 그 차이를 가지고 학습을 개별로 지도한다. 내가 가장 많이 읽고 가장 많이 반복한 사전과 같은 그 책은 풍부한 자료를 주는 것이 아니라 깨닫게 하는 능력과 속도를 개발한 책이었다. 그 책의 제목이 '프로그램 학습원리' 였다. 책 제목이라기보다 강의 제목이 아니었나 싶다. 출판사에서 인쇄한 정본이 아니었다. 강의실에서 복사해서 임시로 손수 제본한 복사본이었다. 어느 교수의 강의 원고 같았다. 정가도 없는 것을 보면 소량을 나누어 보는 책이 아니었나 싶다. 표지에 강의한 교수의 이름이 있었으나 기억이 나지 않는다. 어느 대학원 교실에서 강의를 마치고 무더기로 내다버린 것 같기도 했다.

내게 결정적인 눈을 뜨게 한 것은 공부를 못한다는 말이 오해라며 설득한 부분이다. 공부를 안 한다느니 못 한다는 말 자체가 잘못이라는 것이었다. 그렇게 만든 책임이 교육자에게 있다는 것을 과학적으로 지적하고 있었다. 그 강의의 원조는 하버드 대학교 스키너 교수였다. 그 교수가 만든 학습 기계를 다루고 평가하는 책이었다. 나는 졸지에 생각지도 않았던 하버드 대학에서 강의를 듣고 있는 것 같은 착각에 빠졌다. 티칭머신을 본 적은 없어도 충분히 알 수 있게 설명이 되어 있었다.

  교육 제도와 교육 이념이 지금보다 수준 미달일 때였다. 그랬으니 내가 받은 충격은 엄청났다. 무식이 죄라는 뜻으로 받아들인 나는 그 순간부터 생각을 갈아 엎었다. 아이들을 쥐잡듯 하는 교육의 독선이 죄로 다가왔다. 예수께서 그 시대 지도층을 향하여 너희는 다 소경이다. 소경이 소경을 인도하니 다 망하고 말 것이라고 미리 깨우쳐 주신 것이 아니었나 싶었다. 물론 예수께서는 학습을 논하지 않았다. 그렇다고 해도 스승이라고 오만을 부린 자들에게 하신 그분의 말씀은 틀림이 없었다. 나는 그 학습 프로그램을 내가 하고 있는 목회에 적용하지 않을 수가 없었다. 그것은 마치 우리 어머니가 사다 준 선물 같았다.

  50년 전의 우리 나라는 학업을 학생의 의무라고 강요하는 데 힘썼던 시기다. 그러나 미국은 그 때 이미 학업은 교사의 책임으로 각성하여 학생을 이해하고 옹호했다. 학업을 시민의 기회로 본 것 같다. 지금도 우리 교육은 책임 소재가 애매 모호하다. 사교육을 전제하는 학교 교육이 그런 생각을 하게 만든다. 나는 그 책을 통해 교육의 부진이나 비효율이 방법의 미숙인 것을 알았다. 그래서 학습 프로그램으로 완전 학습을 시도했다.

교회가 교인들에게 순종과 충성, 헌신, 희생을 강요하는 것은 한국 교회가 크게 반성을 할 문제다. 기독교 신앙은 교인을 진리의 사람으로 변화되게 해야 한다. 신앙은 실천이 없으면 가짜다. 신앙은 실천이 필연적으로 따르게 되어 있다.

예수는 순종을 한 번도 가르친 적이 없다. 사도들은 실천이 없는 신앙은 죽은 것이라고 강조했다. 신앙을 실천이라고 보는 것과 신앙을 순종으로 보는 것과는 엄청난 차이가 있다. 성경은 실천이고 교회는 순종이다. 실천은 자원이고 순종은 굴욕이다. 하나님은 선악과를 만들 때부터 순종을 요구하지 않고 명령을 실천하라고 자유를 주셨다. 순종을 목적으로 인간을 만드셨다면 하나님의 창조는 실패. 순종은 인간이 요구하는 것이다. 하나님께 아첨하는 지도자의 추태다. 성경에는 행함이 없는 믿음은 송장이라고 정의했다.

나는 새로 시작하는 도시 교회 주일학교와 학생부를 전담했다. 거기서 선진형 교육을 실험하려고 노력했다. 그 책에서 배운 것은 단순하다. 길을 잘 닦아 놓거나 계단을 쉽게 설치하면 따라가고 싶어진다. 그렇지 않으면 포기한다. 길이 울퉁 불퉁하고 계단이 들쭉 날쭉하면 발을 들여놓기가 어렵다. 더구나 앞으로 나갈 생각을 하지 않게 된다. 그 길을 만드는 것이 프로그램이고 한 걸음씩 나가는 것을 스텝이라고 한다. 스텝이 쉽고 편하기만 하면 누구나 걸어가지 않고 달려갈 수도 있다. 그 스텝을 갖추어 놓는 작업을 프로그램이라는 수단으로 작성하는 것이다. 그 간격과 높이를 과학적으로 설정한다 사람 마다 보폭의 차이가 있기 때문이다.

학생의 보폭에 맞추기만 하면 아주 쉽고 즐겁게 한걸음 한걸음씩 옮겨 놓는다. 그러면 목표까지 자연스럽게 닿을 수 있다. 그것이 학습이다. 공부는 학생이 한다. 학생의 체형에 맞게 스텝의 폭과 계단의 높이를 계산하여 만드는 작업은 선생의 몫이다. 그렇게 하면 선생이 의도한 대로 학생은 따르게 된다. 무조건 쉽게만 해도 실패한다. 짧고 낮은 계단은 짜증스럽다. 넓고 높은 계단은 보기만 해도 숨이 차다. 그래서 두뇌가 나쁜 사람이 교사가 되면 서로가 불행하다. 한국에서 한때 유치원 폭력 사건이 생긴 것은 반성할 점이 참 많다. 대학은 대단한 교육, 유치원은 유치한 교육으로 생각하는 한국인의 교육 이념이 그대로 있는 한 한국의 미래는 장담할 근거가 없다.

나는 아무에게도 내 교육 방침을 의논하지 않았다. 계획한 대로 실천할 때도 드러나게 한 적이 없다. 다만 사후에 스스로 평가하여 실행 여부를 조율하면서 앞으로 나아갔다. 버릴 것과 고칠 것, 강행할 것 등을 점검했다. 아무에게도 묻지 않았고 내 할 일을 하면서 도왔다. 일이란 눈에 보이도록 하는 것이 아니기 때문이다. 쉽고 편하게, 새롭고 재미나게 따라 오고 싶도록 유도하는 것이 학습이고 교육이고 목회이다.

따라오지 않으면 얼른 스텝을 수정하면 된다. 교사의 몫은 그런 센스다. 주일학교든 학생회든 따라오지 않는 교육은 실패인 것이다. 목회도 다르지 않다. 나의 목회는 교인들이 따라 주는 것을 추구했다. 여태까지 그렇게 했다. 까다로운 교인들은 어디나 있기 마련이다. 그런 사람도 따라오도록 노력했다.

내가 시작한지 6개월 쯤 되었을 때였다. 그 교회 담임 목사님에게 호출이 왔다. 당시 그 교회는 매일 아침에 전 교역자들이 조회처럼 기도회를 가졌다. 그 시간에 모여서 보고를 한 후 그날 일과를 시작했다. 매일 만나서 의논도 하고 지시도 받았다. 그런데 나를 따로 부른 것은 이례적이었다. 담임 목사는 그 동안 나를 지켜본 소감을 밝혔다. 먼저 잘 적응을 하고 있다고 칭찬을 했다. 그리고 내 앞에 있었던 전임 전도사에 대한 이야기를 했다. 나와 별 상관이 없는 것 같았으나 참고를 하라고 알려 주었다. 그 전도사는 교육에 관심이 없고 남녀 학생들과 어울려 노는 시간이 많더라고 했다. 결국 그 부분에 말썽이 생겼고, 수습을 하면서 일이 더 확대 되어 학생회가 혼란에 빠졌었던가 보다. 전도사는 책임을 지고 해임을 당했다. 그 일로 학생 수가 줄었고 부모들의 성화가 끊이지를 않았다. 나아가 남자 교육전도사를 기피하게 되었다.

그런 와중에 내가 교육을 맡게 된 거였다. 사정을 듣고 보니 이해가 되기는 했다. 교회 학생 회관은 60명을 수용하면 맞을 공간이었다. 그 사이에 80명으로 불어났으니 앞으로 어떻게 할 생각이냐고 물었다. 내가 학생들을 선동시키거나 무슨 수단을 쓴 것은 절대로 아니었다. 나로서는 새로운 전도사가 열심히 일한다는 소리만 들으면 된다고 생각했으나 담임 목사의 말은 과속을 하면 위험하다는 결론이었다. 나는 속도 조절에 신경을 쓰겠다고 약속을 하고 그 자리에서 나왔다.

어쨌든 나는 기분이 참 좋았다. 학생들이 많이 모여든 이유도 생각해 보았다. 그 주변에 있는 교회와 조금 다르게 한 것이 효과가 있었다고 나름 결론을 내렸다. 하지만 학생들의 수를 줄일 수는 없었다. 조금 느리고 조금 신중하게 내실에 신경을 쓰기로 했다. 그 동안 일어났던 좋은 경험을 토대로 어른들을 공약하고 싶었다. 어른들이 많아지면 아무도 이의를 제기하지 않을 것 같았다. 당시는 내가 새벽 기도회를 많이 인도할 때였다. 별 비법은 없었다. 다만 차별은 두고 싶었다.

교인들은 목사가 생각하는 것보다 훨씬 민감하고 현명하다. 그리고 소문은 생각보다 빠른 법이다. 새벽 기도회에 모르는 교인들이 많이 보이기 시작했다. 분명히 다른 교회 교인일 것이었다. 새벽 기도회가 성황을 이루고 있으면 소문은 경쟁을 하듯 전달된다. 그때 이상한 사고가 터졌다. ㅇㅇ교에 소속된 이단자들이 기도하는 사이에 자기들의 선전 전단지를 기도하는 교인들 자리를 돌아 다니면서 뿌리고 다닌 것이다. 새로운 사람들이 모이는 틈을 타서 계획적으로 침투한 것이었다. 당시에 그들은 거리마다 떼를 지어 다니며 선전을 맹렬하게 했다. 일일이 대응할 필요는 없어 한 번만 그러고 지나갔으면 참으려 했다. 그런데 며칠 동안 계속 그러기에 설교 시간에 교인들이 현혹 되지 말라고 엄중하게 이단을 비판하면서 정면으로 공격했다. 그날은 별 일이 없었다. 그런데 그날 내 설교를 자기들 상부에 아주 자극적으로 보고한 것 같았다.

그들의 조직력은 막강하고 행동대의 포악은 이름이 나있었다. 물불을 가리지 않는 야만적인 범죄 집단인 것을 모두 알고 있었다. 그들은 자기들을 공개적으로 비판하는 것을 용서하지 않겠다고 협박했다. 교회에서는 긴급 대책을 세웠다. 우선 파출소에 신변 보호를 요청하여 경찰이 와서 지켰다. 지역 파출소에서 교회 안에 경비를 섰다. 청년들도 경계망을 쳤다. 문제는 예배를 마치고 나서 나를 보호해야 되는 일이었다. 날씨가 추울 때였다. 여러 날 동안 큰 외투 속에 숨어 빠져 나오기를 했다. 하루는 담장을 넘기도 했다.

그 때 나는 교인들이 젊은 전도사 때문에 고생하는 것을 보고 많은 감동을 받았다. 지금도 그 살벌한 순간을 잊지 않고 있다. 결국 파출소에서 중재를 해 주었다. 교회에서 더는 공식적인 비판을 하지 말아달라며 한발 물러서 주기를 당부했다. 그리고 이단자들도 남의 교회를 무단 침범하지 않기로 약속을 해서 불편한 갈등은 일단락했다.

그 사건이 있고 나서 얼마 안 되었을 때 생각지 않았던 좋은 일이 있었다. 새벽 기도회에 몇 번 참석했던 이웃 교회 장로 몇 사람이 면회를 요청했다. 나를 자기들 교회에 담임목사로 청빙하고 싶다고 했다. 새벽에 몇 차례 선을 보려고 기도회에 참석했던 것 같았다.

나는 아직 목사 안수도 받기 전이고 교회에 온지도 얼마 되지 않았다고 거절했다. 장로들은 목사 안수는 앞으로 받으면 될 것이니 기다리겠다고 했다. 그 교회는 역대로 목사가 시무했다. 그런데 경험도 없는 나를 담임 목사로 청했다. 나에게는 그 제안이 얼마나 감사했는지 모른다. 목사 안수를 받아도 사역할 교회를 찾는 일이 쉽지 않기 때문이다. 그러나 아직은 아닌듯 했다.

나는 이 일을 어머니께 여쭤 보았다. 어머니는 주의 종은 정한 길로 가는 것이라고 대답하셨다. 주의 종은 자기가 길을 닦는 것이 아니라 했다. 준비가 되었을 때 주인이 닦아 놓은 길로 가면 된다고 했다. 그

후 나는 준비에 매진하였다. 길이 어느 방향에 있는지 어떻게 생긴 길인지 그런 것은 나의 소관이 아니었다.

그리고 얼마 후에 그 교회로 가게 되었다. 내가 어쩔 수 없이 그 교회로 갔다는 것은 가기 싫은데 억지로 갔다는 뜻이 아니다. 내가 선택해서 간 것이 아니었다. 어머니의 말씀처럼 준비된 길을 간 것이었다.

사역하던 교회에서 사임 후 송별회를 하고 떠나는 모양새를 갖추지는 못했다. 어차피 떠날 것이라면 그렇게 이끌려가는 것도 나쁘지 않은 것 같았다. 마치 도망을 가듯 그 교회로 자리를 옮긴 것은 좀 서운했다. 사표를 받아주지 않아서 그렇게 할 수밖에 없었다. 다사다난했지만 그 교회에서 교육 전도사로 사역하는 동안 담임 목사는 자신의 후임으로 나를 내정해 둔 거였다. 결과적으로 그렇게 된 것이 잘 된 것인지 모른다. 만일 내가 그런 사실을 알고 있었더라면 양쪽 교회를 두고 저울질을 벌였을지 모른다. 나중에서야 모든 것이 생각보다 잘된 일임을 알았다. 거기에 계속 있었더라면 내가 후임이 되었을 수 있을지는 모르나, 그것은 내가 눌러 앉아서 차지한 꼴이 되었을 것이다. 목사에게는 당당한 청빙이 명예스러운 법이다. 하마터면 청빙이라는 좋은 기회를 놓칠 뻔한 것이다.

그로부터 이 교회가 나의 정한 길이라는 생각을 하며 나는 더욱 열정을 쏟았다. 역대 목사들이 모두 연로한 탓인지 전 교회에서는 나의 선택을 많이 아쉽게 여기는 젊은 교우들이 있었다. 더구나 젊은 전도사가 너무 성급하게 서둘렀다고 내 결정을 나무라기도 했다. 차라리 미숙한 바보라고 봐주는 것이 약삭 빠르다고 말하는 것보다 나은 것 같아서 그들의 생각을 존중했다.

세상은 편하게 살면 그만이라는, 낙천가들이 즐겨 쓰는 명언이 있다. '송충이는 솔잎을 먹고 살아야 한다'는 말이다. 자신이 송충이라고 스스로 비하하는 발언인 셈이다. 벌레가 수천 종류인데 그 중에 송충이인 것이 틀린 것이다.

당시 내가 만난 교육서는 누가 추천한 것도 가져다 준 것도 아니었다. 광고를 보고 찾은 것도 아니었으며 뭔가 찾으려는 갈증이 나를 끌고 그 책 앞으로 갔다. 그 갈증 때문에 한 모금 마시게 된 물이 나의 전신의 갈증을 담임 청빙이라는 폭포수 가운데까지 밀어 던진 셈이다.

세상에 수많은 성공자들의 경험을 들어보면 공통점이 있다. 그것은 탄탄한 밑천, 즉 돈이 아니다. 강한 욕구, 즉 갈증이다. 마음이 가난한 자는 복이 있다. 그것이 갈증이다. 사슴이 물을 찾듯이 갈증하는 자에게 성공이 보인다.

나는 농촌교회에서 야학을 만들었었다. 선린학원이라는 간판을 걸고 야학을 열어서 동네 청년들에게 영어와 국어를 가르쳤다. 우리 교회 청년들이 학생이 되었다. 일 년이 되었을 때 작문을 한 편씩 짓게 하여 문예지를 만들었다. 자기 나라 말을 쓸 줄 안다면 글도 알아야 한다. 글을 알면 표현할 줄 알아야 한다. 신앙인이 무식하면 신앙이 성립 되기 어렵다. 예수는 진리시다. 진리는 무식으로 이해 되지 않는다. 배우고 또 배워야 진리를 알게 된다. 그것이 믿음이다.

학생 전원의 이름이 들어간 책자를 만들어 주었다. 자기가 완성하지 못해도 개인 지도를 통해서 작품을 만들어 주었다. 그 때 프로그램 학습을 활용했다. 학습 과정을 프로그램화 하는 원칙은 어떤 학습도 가능하다. 농촌 사람은 무식해도 상관 없다고 누가 말한 적이 없다. 사람은 기본이 유식하다. 무식은 죽은 송장의 대명사다. 나는 농촌에서 철학을 강의하지 않았다. 지식이 곧 철학이라는 개념을 가르쳤다. 무식하면 착해도 소용 없기 때문이다.

1. 무식하고 착하면 – 바보다
2. 무식하고 악하면 – 왈패다
3. 유식하고 척하면 – 천사다
4. 유식하고 악하면 – 마귀다

네 명 중에 한 사람이 천사면 세상은 비관할 필요가 없다. 예수님이 그런 기준을 말씀하셨다. 네 종류의 밭이 있다. 길갓 밭, 돌짝 밭, 가시 밭, 그리고 옥토 밭. 국민이 4천만 명이라면 1천만 명이 천사임 셈이고 살만한 편이라는 얘기다. 이 지상에 25퍼센트가 천사인 나라가 있는지 모르겠다. 이름만 천사, 즉 기독교인 25퍼센트 되는 나라는 있을 수 있다. 그러나 성경이 증명할 만한 진짜 기독교인이 그 정도 되는 나라는 있을 것 같지 않다. 어떠한 조직에 그런 비율이 존재할 것 같기는 하다.

신앙은 사람을 천사 되게 한다. 가장 중요한 것은 천사가 있어야 한다. 천사는 소속이 하나님이다. 신앙인도 하나님을 아버지로 믿고 그렇게 부른다. 그래서 땅에 있는 천사다.
하나님의 아들이면 천사와 다름없다. 그 천사를 가려낼 방법을 알아야 한다. 저마다 천사라고 할 수 있기 때문이다. 그 방법은 하나님을 아버지라고 부르는 사람에게 물어 보면 알 수 있다. 그 천사 같은 사람에게 '당신은 천사'라고 불러 봤을 때 자기가 천사인 척 좋아하면 그 사람은 가짜다. 천사인 척 폼을 내면 가짜 중에 가짜다.

그러지 않고 당신은 천사라고 하는데도 그렇지 않다고 강하게 부인하면 천사가 맞다. 스스로 섰다고 하는 자는 가짜라고 성경은 말씀한다. 바울은 사도임에도 자신은 죄인의 괴수라고 자기를 부인했다. 지금은 교회 안에 천사라고 자칭하는 가짜 천사가 말하기 곤란하게 많은 시대다. 자기 입으로 나는 천사라고 하면 가짜보다 더 나쁜 사람이다. 그리고 그 사람의 신앙과 생활을 보고 당신은 천사라고 했을 때 강하게 거부 반응을 한다면 천사로 대우해도 된다. 하나님의 자녀로 산다면 천사라 불러도 하나님께서 기뻐하실 것이다.

사도들은 예수님의 대리 역할을 하는 자였다. 예수님으로부터 직접 부름을 받았고 예수님의 위탁으로 교회를 세웠으며 지키고 먹이는 일을 했다. 그럼에도 끝까지 자신을 죄인이라고 자처했다. 오히려 죄인 중에서도 괴수라고 고백했다. 현대 교회는 그런 성경이 있는 줄도 모르는 것 같다. 있어도 관심이 없거나 죄인이라는 말을 부끄러워 하는 것 같다. 다른 사람에게 죄인 취급 받는 것과 스스로 죄인이라고 고백하는 것은 완전히 다른 의미. 부패한 시대의 특징이 사람들 각자가 자기를 의인인 것처럼 위장한다는 것이다. 그것은 부패를 포장하는 만행이다. 옛날 교회 교인들은 스스로를 죄인이라고 엎드려서 울기만 했다. 그것이 죄인의 사유를 믿는 태도이다.

새로 부임한 교회에서는 아무 것도 강요하지 않고 자기를 부인하는 데서 목회를 시작했다. 가장 낮게, 가장 작게 자기를 쳐서 복종케 하는 기초 공사부터 착수했다. 내가 엎드려서 울고 또 울었다. 세 살난 아들이 같이 울어 주었다. 내가 아들에게 너는 왜 우느냐고 물었다. 아들은 아버지가 울었잖느냐고 했다. 아버지가 우니까 자기도 울어야 된다고 생각했던가 보다. 기특한 그 아이가 지금은 장로가 된 것이 감사할 뿐이다. 모든 원리 원칙은 기초부터 닦는 것이다. 프로그램 학습 원리는 단계를 설정하는 기술이었다. 먼저 하고자 하는 기초를 정하여 집을 짓듯이 프레임을 짰다. 그리고 그 안에 적당한 크기의 단계를 합리적으로 설치했다. 그런 후에 교인들이 스텝을 밟고 따라오게 했다.

그 무렵 철저하게 깨닫게 된 것이 있다. 하나님은 준비 된 사람을 반드시 들어 쓰신다는 것이다. 준비 된 사람을 버려지는 법은 없다. 준비되지 않았는데도 불구하고 들어 쓰는 경우는 더더욱 없다. 준비 없이 말을 타면 금방 낙마한다. 그 때는 이미 늦어서 대책이 없는 것이다. 준비 된 사람에게 길이 준비되어 있다. 그 원칙은 지금도 유효하다. 하나님의 종은 자기의 길을 걱정하지 않는다. 사람이 준비하는 만큼 하나님이 예비하신다. 그렇게 믿는 믿음이 종의 인격이며, 하나님은 지금도 그런 종을 찾고 계신다.

주의 종이 미련하면 자기 진로를 걱정하게 된다. 그러나 신실한 종의 진로는 얼마든지 언제든지 어디든지 열려 있다. 그것이 종을 향한 하나님의 약속이다. 주님은 열두 제자를 파송하실 때 돈, 의복, 신발, 지팡이 등 아무 소지품도 없이 보냈다. 그 이유는 명백했다. 보내는 주인이 책임진다는 뜻이다. 종을 책임지는 원칙은 예나 지금이나 세계 어느 나라 어떤 시대도 변한 적이 없다. 하물며 하나님의 종을 대책도 없이 방치하시겠는가. 단 준비가 되고 있다면 이미 길에 들어선 것이

나 다름 없다.

그래서 준비가 잘 되는지 항상 점검을 해야 한다. 남의 것을 흉내내는 것은 준비가 아니라 훔치는 것이다. 나는 당시나 지금이나 누가 한다고 따라 하지 않았다. 생각해 보면 새로운 것, 새로운 길이 얼마든지 있다. 새 것만이 가치가 있다. 그 새 것을 자기 것으로 만들면 아무도 따라 오지 못한다. 경쟁을 하면 피곤하다. 경쟁할 필요가 없는 새 것을 찾으면 된다. 나는 늘 소문을 의식하지 않았다. 소문은 은밀하게 전달되는 통로가 있다. 소문은 만들지 않아도 생긴다.

한 번은 그 소문의 통로로 기가 막히는 섭외가 한 건 들어 왔다. 어느 큰 교회 주일학교 교사들이 특수한 동화 잔치를 개최하게 되었다. 그 동화 잔치에서 하이라이트로 유능할 강사를 초청하기로 하여 섭외팀을 짰다. 교사들 중에 동화를 못 하는 교사는 없다. 목사, 전도사 중에도 동화를 못 하는 사람은 없다. 명작동화, 전래동화, 창작동화 강사를 각각 특급 수준으로 청하고 성경 동화만은 아직 들어본 적이 없는 동화를 할 강사를 찾고 있었다.

성경 동화는 모르는 동화가 없다. 신구약 성경에 수많은 이야기를 들어도 몇 번씩 들었을 것이고 한 번도 듣지 못한 동화는 없다. 아무리 찾아도 강사가 없었다. 그런 중에 나를 찾아 왔다. 사정을 듣고 나는 하겠다고 승락했다. 찾을 수 없는 그런 강사를 내가 하겠다고 한 것은 용기가 아니었다. 나도 그런 교섭은 처음 접했기에 나에게 할 수 있을 것이라고 희망을 가지고 온 것이 기분 좋았다.

나는 다른 이야기를 만들면 되었다 . 우리 동네 아이들은 나를 동화

선수라고 불렀다. 나는 선수답게 예수님의 주변에 많은 아이들을 생각했다. 그래서 그들이 좋아하는 놀이터를 무대로 꾸몄다. 그리고 먼저 주인공을 찾았다. 그 주인공을 예수님께 연결시키면 되었다. 재미있고 신나게 눈물이 날 정도로 감동스럽고 예쁘게 만들었다. 스스로가 만들었는데도 믿겨지지 않을 만큼 멋진 동화였다. 내가 수많은 동화를 한 것 중에 그렇게 예쁜 동화는 처음이었다. 성경을 놓고 그 중에 한 아이의 이야기를 끼워넣고 싶을 정도로 아름답고 감동적이었으며 사실과도 닮은 것이었다. 나는 그 동화의 주인공 이름을 폴리라고 지었다.

베세다 들녘에서 아이들이 메뚜기를 잡고 논다. 잡은 메뚜기를 주렁 주렁 풀줄기로 꿰어서 흔들어 대며 풀밭을 누빈다. 누가 더 많이 잡았는지 비교해 보면서 소리를 친다. 그런데 냇가에 앉아서 구경만 하는 아이가 있다. 혼자서 무척 외롭게 보인다. 한 아저씨가 개울을 건너 오다가 그 아이를 보고 가까이 다가간다. 친절한 아저씨는 그 아이에게 이름을 묻는다. 아이는 폴리라고 답하면서 향긋하게 웃음을 짓는다. 아저씨도 자기 이름을 가르쳐 준다. 수 아저씨라고 했다. 폴리는 소아마비로 잘 걷지 못한다. 그래서 메뚜기를 잡지 못한다. 수 아저씨는 날아가는 메뚜기를 손으로 슬쩍 잡아서 폴리에게 준다. 메뚜기는 떼를 지어 날아 다닌다.
폴리는 좋아서 수 아저씨의 긴 다리를 끌어 안는다. 외로움에 지친 아이가 정을 주체하지 못하는 몸짓이다. 메뚜기를 또 잡았다. 메뚜기 몇 마리를 더 꿰어 주었다. 폴리가 일어섰다. 제대로 걷지는 못해도 조금씩 뒤뚱거리면서 걷는다.

폴리가 메뚜기를 잡고 싶어 한다. 수 아저씨가 메뚜기를 폴리 쪽으로 몰아준다. 폴리가 몇 번 시도하더니 결국 한 마리를 제 손으로 잡았다. 풀쩍풀쩍 뛰면서 좋아한다. 어느새 긴 줄이 되었다. 다른 아이들은 폴리를 잊고 있었다. 수 아저씨는 폴리를 등에 업었다. 앙상한 척골이 등에 닿는 순간 슬픔이 느껴졌다. 두 다리를 매만지면서 폴리를 등에 업었다. 그리고 아이들에게 달려갔다. 폴리의 손에 들린 메뚜기를 보고 아이들이 모두 함성을 질렀다.

수 아저씨를 아이들이 둘러쌌다. 수 아저씨는 포리를 업은 채로 풀밭을 빙빙 돌면서 함께 어울렸다. 그런 다음에 폴리를 등에서 내려 놓았다. 그러자 폴리는 수 아저씨를 졸졸 따라 다녔다. 아이들은 놀라서 말을 못하고 울먹였다. 폴리가 두 다리로 걷고 있었기 때문이다. 폴리는 자신이 걷고 있는 줄 몰랐다. 아이들은 폴리를 앞세우고 신나게 달렸다. 숨이 차올라서 헉헉 소리가 나도록 계속 달렸다. 그럴 때 수 아저씨가 어디로 갔는지 보이지 않았다.

아이들은 폴리를 에워싸고 그의 집으로 갔다. 폴리 어머니가 얼마나 놀랄까 얼마나 좋아서 눈물을 펑펑 쏟을까 그런 상상을 하고 폴리 집 앞에서 큰 소리로 폴리를 불렀다. 그의 엄마가 나와서 놀란 표정으로 아이들을 들러본다. 함께 놀러 갔는데 왜 폴리를 찾는지 놀랐던 것이다. 아이들은 폴리를 뒤에 숨겨 놓았다. 혹시 충격을 받을지 몰라서 그렇게 했다. 아이들의 얼굴 표정이 너무나도 밝아서 자기도 모르게 웃음이 나려는데 폴리가 앞에 나타났다.

엄마는 영문을 모르고 있는데 아이들이 소리 지르고 춤을 추고 난리를 피웠다. 그제서야 엄마는 폴리의 달라진 모습을 발견했다. 엄마는 예상한 대로 엉엉 소리를 내어 울었다. 함께 놀러간 아이들이 고마워서 모두 끌어 안았다.

동화는 그렇게 끝을 맺었다. 동화가 발표 된 후에 교사들의 반응은 아주 좋았다.

생각은 어떤 법칙도 없다. 한 가지 확실한 것은 머리가 복잡하면 생각이 산만하여 집중력이 형편 없어진다는 것이다. 그런 상태로는 창작이 될 수 없다. 아주 단순하고 예민한 감각이 작동할 때 창작이 가능하다. 바늘 귀로 실을 꿰어 한땀 한땀 뜨다보면 옷이 만들어지는 이치와 같다.

그렇게 달려가는 도중에 나를 붙잡는 손이 나타났다. 그 손으로 미래의 파트너가 되자고 했다. 가만히 누웠는데 찾아오는 것은 모기나 파리 뿐이다. 사람은 가만히 있으면 악취가 난다. 그러니까 파리가 날아 올 수밖에 없다. 노력하고 생각하고 실험하고 도전하는 곳에는 잡아 주려는 손이 나타난다.

우리 말에 아주 고약한 말이 있다. '누워서 떡먹기'라는 말이다. 손을 쓰지 않고 얻는 불로소득을 마치 축복처럼 생각하는 맹랑한 말이다. 그러나 전통적으로 우리 민족의 정서는 그런 것이 아니다. 성경의 정서는 더더욱 그렇지 않다. 하나님은 수고를 남보다 더 많이 하고 싶어 하는 사람을 가장 좋은 길로 가게 해 주신다. 그런 정서가 신앙이다.

신학생 시절 기가 막힌 이야기를 들었던 적이 있다. 대선배 목사가 진심 어린 실토를 했다. 신학교에 들어온 학생은 목사가 되는 길이 정도이다. 그것이 희망이다. 그런데 그들에게서 보이는 신학생 자질은 너무 실망스럽다는 것이다. 신학교 교육 과정에는 교양 과목이 미약했다. 성경을 가지고 공부하는 시간이 많고 수업 중간에 있는 채플 시간이 교양 교육과 같았다. 그런 탓인지 남을 섬기는 데는 얼마나 인색한지 모른다고 했다. 그러면서 한 가지 지적을 했다. 신학생 중에서 교수 또는 교장에게 점심 한끼 대접하는 학생을 못 봤다는 것이다. 나도 그런 적이 없으니 누굴 탓할 일은 아니었다. 선배의 그 말은 대접을 받고 싶어서 한 말 같지 않았다. 신학생이 경제력이 없으니 그런 것 아닐까 싶었다. 그런데 선배가 또 한 가지 말을 꺼내면서 크게 한숨을 쉬었다. 무슨 기가 막히는 이야기를 하려나 싶었다. 당시 나는 그의 입에서 나온 말이 사실이라면 신학 교육을 재검토해야 될 것 같았다. 선배는 최근에 신학교 졸업식에 다녀 왔다고 했다. 졸업생이 약 50명쯤 되었는데, 그들이 졸업장을 받아가지고 단 위에 올라서서 관중을 향해 인사를 하는데 축하객들을 똑바로 바라보는 학생은 단 세 명뿐이더라는 것이다. 그 세 명 중 한 명은 여학생이었다고 했다. 나는 말을 듣는 순간 민망했다.

　　그날 후로 나는 고민이 생겼다. 친구들에게 이 이야기를 전하자 한 친구가 실토를 했다. 자신은 교안을 똑바로 볼 줄 모른다고 고백했다. 허공을 보고 소리치는 꼴이었다. 나는 그리 되지 않으려고 노력했다. 한 사람도 빠지지 않고 고루고루 바라보는 연습을 했다.

　　우리 학교 교장은 점심을 자택에 가서 하고 오는 것 같았다. 학교에서 자택까지는 자전거로 30분이 걸리는 거리다. 나는 용돈을 아껴 조금씩 모았다. 그리고 어느 날 점심 시간에 교장의 가는 길목에서 자전거를 세웠다. 그리고 길 옆 식당으로 모시고 들어갔다. 점심을 멀리 가서 드시는데 오늘만 가까이서 드시라고 대접을 했다. 완강히 거절 못하게 분위기를 만든 다음 편하게 해드렸다. 단 둘이 식사하기가 쑥스러울 것 같아서 서무 과장도 합석을 하자고 미리 말을 맞췄다. 좋은 생각은 실천을 해 봐야 확인이 된다. 그 한 번의 대접으로 내가 얻은 기쁨은 식대의 갑절이 넘었다. 또 다시 용돈을 모았다. 서무 과장에게 적절한 시간을 잡아 달라고 했더니 정말 요긴한 기회에 또 한 번 대접을 하게 되었다. 식사 대접이 왜 좋은지 해 보지 않으면 모른다.

교장과 학생은 차이가 엄청나다. 마주 앉을 사이가 아니고 그럴 일이 없다. 그런데 점심을 먹으려면 이야기를 해야 한다. 먼저 식단을 여쭤 봐야 한다. 이럴 때 대화는 가장 자연스러웠다. 사무적인 말도 아니고 교양 섞인 말도 아니었다. 사람과 사람의 말이었다. 그러면서 금방 친밀감이 생겼다. 그런 일이 있은 후부터는 모든 면에서 나의 몸가짐이 달라졌다.

학교 생활은 당연히 열심히 하게 되었다. 간혹 교장과 마주치면 먼저 교장이 말을 걸어 주었다. 다른 학생들은 사연을 모르기 때문에 나를 무척 부럽게 생각했다. 교장은 나에게 대접받은 이야기를 절대로 하지 않았다. 물론 나도 그랬다. 그렇게 학교 생활이 즐겁게 끝나고 졸업을 했다. 어느 날 학교에서 나를 찾는다는 연락이 왔다. 학교에서 졸업생을 찾을 일은 없다. 나도 학교에 남은 볼 일이 생각나지 않았다. 학교에 갔더니 교장이 나를 기다리고 있었다. 교장은 자기 고향 지방에 L교회가 전도사를 구한다고 나를 추천해 주었다. 학생 시절에는 아르바이트로 농촌 교회를 섬겼다. 지금 그 교회는 역사가 50년이 된 기성 교회로서 그 동안 전임 전도사가 목회를 했다고 전했다. 나는 처음으로 농촌 교회를 목회하게 되었다.

농촌교회는 전도사가 총책임자로 사역했다. 그런데 새로 부임한 도시교회는 전도사가 말단직이었다. 죽도록 밭을 갈듯이 깊이 파고 심었더니 작황이 좋았다. 새 농군이 마음에 든다고 더 나은 옥답을 안겼다. 새로 맞은 교회는 토양이 좋아서 마음껏 실력을 발휘했다. '나의 아버지는 농부시라' 했으니 농사야말로 해볼 만한 큰 일인 것 같았다. 기왕에 하는 농사, 대농을 한번 해 보려고 큰 땅에 뛰어 들었다. 드디어 10년 만에 풍년이 되었다. 그런 다음에 나는 모든 욕심을 내려 놓았다.

한때나마 내가 선택을 잘한 탓에 오늘의 내가 있다고 나는 믿는다. 당시에 내가 가만히 있으라고 할 때 그대로 남아 있었다면 저절로 큰 교회를 맡게 되었을 것이다. 그 때 내 눈 앞에 큰 떡과 작은 떡이 놓여 있었다. 그럴 때 먼저 큰 떡을 집는 사람과 먼저 작은 떡을 집는 사람이 있다. 둘 중에 나는 작은 떡을 집는 사람이 되려고 노력 했다. 지금도 그렇게 노력한다. 옛 말에 초생달과 보름달이 있다면 초생달은 계속 커지는 희망이고 보름달은 계속 줄어드니 쇠퇴라 했다. 지금도 달의 변화는 한 점 다르지 않다. 어디 목회뿐이겠는가. 작은 떡, 초생달 비유는 어디에서나 잊지 말아야 할 교훈이다.

※ 돈을 써서 인심을 얻기는 어렵다.
사람이 칭찬에 익숙해지면 귀가 간사해진다. 쓴소리를 소화시키지 못한다.

기도는 청구하는 자의 것이 아니다

• • • •

기도는 은행 창구처럼 입출을 마음대로 하는 것과 다르다. 기도는 청구하는 자의 것이 아니다. 기도는 자기 뜻을 위탁하는 것이다. 그러므로 기도의 응답은 그 시기나 방법에 있어 전적으로 하나님의 처분에 달린 것이다. 내 의지대로 결론내기보다 하나님의 결정을 기대하는 것이 믿음 있는 자의 바른 태도인 것이다. 그렇게 되는 것이 백배 천배 더 나에게 유익하다. 그런 것을 이해하는 것이 어머니 기도학이다.

# 아버지의 주기도

기도는 청구가 아니라 위탁이다

　나의 아버지는 보통 아버지, 보통 사람으로서 빠지지 않는 전형적인 보통 아저씨였다. 그 덕분에 우리 집은 평범하고 평등하고 평안한 생활을 천리로 알고 살았다. 남에게 돈을 떼인 적은 있으나 떼어 먹지는 않고 살았다. 국민 소득이 낮은 시대는 보통 사람은 가난한 사람들이었다. 가난하면 없는 사람, 그렇지 않으면 있는 사람, 즉 상하 좌우 2분 구도로 분류 되었던 시대다. 중산층은 당연히 있는 사람, 잘 사는 사람이었다. 내가 우리 아버지는 보통 사람이라고 하는 것은 현대식 개념이다.
　아무리 힘들어도 버티는 사람은 순리를 따른다. 억지를 부리고 반항을 하지 않는다. 이유를 모르면서 따라가는 법이 없고 이유를 알고도 책임을 회피하지 않는다. 그래서 우리 아버지는 당신은 교회에 다니지 않아도 자식이 교회에 가는 것은 당연하게 여기면서 방해하지 않았다. 그러시며 자신이 교회를 다니지 않는 이유는 말하지 않았다.

아버지는 4남 2녀 중에 막내였다. 할아버지 할머니가 막내인 아버지를 무척 편애하셨다는 이야기를 들은 적이 있다. 덩달아 우리 어머니도 사랑 받는 며느리가 되었다. 할아버지는 맏아들만 고향에서 농사를 짓게 하고 세 아들은 도회지로 분가를 시켰다. 가끔씩 도시의 아들 집을 시찰하는 날이 있었다. 할아버지는 제일 먼저 막내 아들의 집을 찾아 어떤 대접도 거절하고 단지 냉수 한 그릇만 마셨다. 막내 아들 살림을 한푼이라고 아껴 주려는 마음에서였다. 잠을 잘 때도 그랬다. 막내 며느리 고생시키지 않으려고 방에는 들어가지도 않았다. 일 년에 여러 번 큰집에서 지내는 제삿날이 있었는데 그날은 온 집안 식구들이 다 모이는 날이었다. 형과 나는 그 때마다 참석을 했다. 그러나 절을 하지는 않았다. 아버지는 큰아버지로부터 자식 잘 가르치라는 책망을 들었다. 집안 사촌들도 그 꼴 못 봐주겠다고 비난이 자자했다. 그럴 때 아버지는 잠자코 있기만 했다. 아버지는 우리를 한 번도 나무란 적이 없었다.

우리가 절을 하지 않는다고 제사가 안 되는 것이 아니었다. 그래서 욕먹는 일은 잠시 참으면 되는 일이지 싸울 필요가 없었다. 아버지는 그런 합리적인 생각으로 자식을 편들어 주었다. 무슨 까닭으로 교인도 아닌 아버지가 우리 대신 핍박을 받고 참았는지는 알 수가 없다. 그렇게 보면 아버지는 교인이 아닌데도 교인처럼 우리 편에 서 있어준 셈이다. 온 집안 사람들이 적군 같았는데 우리 가족은 단합이 되었다.

아무리 생각해도 아버지는 보통 사람과 조금 다른 면이 있었다. 우리 형제가 어머니에게 믿지 않는 아버지를 걱정한 적이 있었다. 아버지는 반기독교주의가 아닌데 왜 교회는 다니지 않느냐고 물었다. 어머니는, 우리가 믿는것은 복을 받은 것이고, 아버지는 아직 그 복을 받지 못해서 믿지 않는다고 설명해 주었다. 그러면서 자기가 복을 받지 못한 것을 누가 받게 하겠느냐고 했다. 아버지를 불신자 취급하지 않으려고 그런 식으로 감싸주었다. 다만 시간이 지체되는 정도라고 보았다. 흑백 논리를 융통성 있게 해석하면 된다. 나를 반대하지 않으면 내편으로 봐도 되는 것이다.

그런 사고방식이 성경적이다. 그러나 아버지의 결단은 좀처럼 기미가 보이지를 않았다. 직장에서 정년 퇴직을 한 뒤에도 아무 변동이 생기지 않았다. 그러나 어머니는 조금도 조급해 하지 않았다. 물론 나도 그다지 초조하지는 않았다. 퇴직 후 아버지는 시간의 여유가 많았다. 그런 자유로운 시간을 낭비하는 것이 몹시 안타까웠다. 한 번쯤 교회에 같이 가자고 할 수도 있었다. 그러나 어머니가 한결 같아서 잠자코 있었다. 어머니는 평생 바가지를 긁지 않았다. 그런 관대함 속에 우리가 모르는 강력한 비책이 있었는지 모른다. 얼마 남지 아니한 노년기에 고강도의 기도를 하셨는지 모른다. 아버지는 어머니와 겨루지 않았다. 어머니는 아버지를 이길 기도라는 비장의 무기가 있었다. 그것이 어머니의 지혜였다.

옛날 야간 통금이 있을 때 아버지가 통금 시간이 지나서 집에 돌아온 적이 있었다. 온 식구들이 아버지 기다렸다. 퇴근을 정시에 했다는 것을 확인했다. 그러고나니 더욱 걱정이 되어 식구들은 잠을 잘 수가 없었다. 그러고 있을 때 아버지가 귀가했다. 검문소가 여러 곳인데 어떻게 통과했는지 궁금했다. 퇴근 후에 동료들이 회식을 한다고 해서 끌려간 것 같았다. 술을 좋아하는 편이 아닌데도 분위기에 어울려서 붙잡힌 자리가 된 것 같았다. 그러다가 통금이 되어 그 회식 자리에서 객실을 내 주었다. 그러자 평생 외박을 모르고 살았던 아버지는 탈출을 해서 집으로 온 것이었다. 아버지는 놀이를 몰랐다. 남자들이 놀고 싶은 취기에 휩쓸려 따라가는 것을 정말 싫어했다.

아버지는 그 집 밖으로 몰래 빠져나오는데 성공했다. 그리고 가까운 파출소에 들어가서 급한 사정이 있다고 둘러댔다. 제발 집에 갈 수 있게 편의를 봐 달라고 간청하며 신분증을 맡겼다. 그 당시 공무원 신분증은 상당한 힘이 있었다. 응급 처치가 효력이 있어 아버지는 무사히 귀가했다.

아버지는 아무리 친구라 해도 명분 없는 외박은 부끄럽게 생각했다. 하마터면 아버지는 어머니께 크게 부끄러움을 당할 뻔 했지만 그나마 돌아온 것은 아버지의 승리나 마찬가지였다. 혼자 달아나서 그 뒤에 동료들에게 어떻게 될지는 아버지의 관심사가 아니었다. 오직 어머니와 자식들 앞에 떳떳하기만 하면 그만이었다. 다음 날이 휴일이어서 다른 지장은 없었다. 평소에 생활이 깨끗해서 별 후유증도 걱정 없었다.

그런데 아버지는 탈출에 성공한 그 순간에 동료 중 누군가 아버지를 부르는 소리를 들었다. 그 사이에 들통이 난 것이다. 그래도 못 들은 척하고 힘껏 달아났다. 붙잡히면 미안하고도 복잡한 일이 예상되었다. 무엇보다 어머니가 교회에 새벽기도 가는 시간을 방해해서는 안 될 것 같았다.

아버지는 그렇게 통과하기 까다로운 통금 시간을 극복했다. 아무 일 없었던 것처럼 거뜬하게 집에 돌아온 것이다. 우리 형제는 박수로 환영했다. 시간이 늦었으니 어서 자라고 어머니가 불을 껐다. 형과 나는 참 기분 좋은 밤이었다.

　아버지가 통금 시간을 뚫고 온 것이 너무 신기하여 우리 형제는 아버지의 용기에 감탄했다. 법을 지키고 사는 것이 보통 사람의 정서다. 나는 아버지가 통금을 위반할 만큼 간이 큰 줄은 몰랐다. 나 같았으면 도망하기보다 욕을 먹었을 것이다.

　나는 잠이 잘 오지 않았다. 눈을 감고 있는데 어머니가 아버지께 바른 대로 말하라고 수사관처럼 따졌다. 아버지는 아무 일도 없었다고 조용하게 말했다. 어머니는 그럼 평안하게 다른 사람들처럼 자고 올 것이지 왜 도망을 쳤느냐고 물었다.

　아버지는 솔찍하게 털어 놓았다. 자려고 했는데 혹시 숙박비를 내는 곳이 아닐까 싶어서 잘 수가 없더라고 했다. 그 집이 '색시 집'이더냐고 어머니가 묻자 아버지는 절대로 그렇지 않다고 말하면서 그런데 기분이 나쁘더라고 했다.

　잘못 했다가는 무슨 봉변이라도 당할 것 같아서 혼자 튀었다고 하자 어머니는 알았다며 말을 끊었다. 조금 있다가 어머니는 아버지에게 그 집에 다시 가서 도망한 이유를 밝히고 용서를 구하라고 일러 주었다. 아내가 많이 아파서 그럴 수밖에 없었노라고 하라 했다. 혹시 거짓말 아니냐고 하거든 내가 이래 봬도 예수 믿는 사람이라고 둘러 대라고 했다. 어머니는 그런 말로 아버지가 진짜 교인으로 착각하기를 바랐을지 모른다. 아버지는 그 말을 책임질 사람이기 때문이다. 아버지는 알겠다고 답하고 우리는 잠을 잘 잤다. 나는 아버지를 설득하는 어머니가 너무 고마웠다. 평소에도 어머니는 아버지에게 관대했다. 아버지도 어머니에게 그랬다. 만일 말이 잘 나오지 않거든 우리 마누라가 아파서 집에 빨리 갔노라고 변명한 것은 잘한 것 같다. 나는 어머니가 거짓말을 예사로 쓰는 것을 본 적이 없다. 그런데 남자는 좋은 일을 할 때 그런 응급 처방도 쓸줄 알아야 한다고 했다. 정직한 것과 고지식한 것은 다르다는 것이다. 그 후에 아버지는 절대로 그런 모임에 어울리지 않았다. 그러나 그런 일이 있은 후에도 아버지는 교회에 나갈 생각을 하지 않았다. 어머니는 처방이 빗나간 것을 깨달았다. 자기 입으로 친구들에게 예수 믿는다고 했으니 그럴 줄 알았다. 그렇게 말 한마디에 마음이 변한다면 얼마나 전도가 쉬울까, 후에 어머니는 자기 말의 책임을 지고 교회로 나올 것으로 생각했던 기대가 욕심이었다고 뉘우쳤다.

전도는 전도답게 하는 것이지 잠시나마 아버지의 약점을 이용하려던 생각을 부끄러워 했다. 그 후로는 극도로 말을 조심했다. 전도는 말로 하는 것이 아니라는 것을 절실하게 깨달았다.

자기 마누라 말 잘 들으려고 교회에 나오는 남자보다 자기가 스스로 교회에 나오기를 바라는 원래 방법대로 기다리기로 했다. 멀지 않아서 하나님의 부름 앞에 무릎을 꿇는 남편을 보고 싶은 어머니의 기도를 믿었을 것이다.

아버지의 시간이 거의 종반이 아닌가 싶을 때 아버지의 변화가 보인다는 소식이 들렸다. 어느날 아버지 혼자서 교회로 나간 것이다. 어머니가 그 희소식을 나에게 통보했다. 그러나 정작 아버지에게 아무 내색도 하지 않았다. 어머니는 묵묵히 지켜 보기만 했다. 아버지는 아무 말도 없이 조금씩 변화가 들어났다. 참으로 적절한 시기에 맞추어서 어머니를 감동시켰다. 어머니는 한없이 고맙기는 했으나 당연한 일처럼 받아들였다. 그런 일이 일어날 쯤에 난처한 일이 있었다.

어느 날 아버지가 집 앞에서 혼자 산책을 하던 중에 길을 잃은 것이다. 너무나 어이가 없는 일이었다. 다행히 당신 발로 파출소에 가서 집을 좀 찾아 달라고 했다. 하지만 경찰관이 집 주소를 물었을 때 모르겠다고 했다. 갑자기 일어난 일이었다. 한 번도 길을 잃은 적이 없었고 그 동네에 산 것이 20년인데 동네 길을 모를 수가 없다. 아버지는 혼자 파출소를 찾아가면서 자기 집을 모른다는 것이 이해가 되지 않았다. 담당 경찰관이 가족의 이름을 묻자 아들의 이름을 대어 주었는데 아들이 셋 중에 내 이름을 댔다고 한다. 그럼 그 아들의 직업을 아느냐고 물었더니 목사라고 대답했다는 것이다. 그러자 경찰관은 주소록을 펴고 교회를 말해 보라고 했다. 그것은 모른다고 했다. 경찰관은 큰 교회에 전화를 해서 그 교회 목사에게 내 이름을 대고 확인 후 나를 찾았다. 내가 연락을 받고 파출소에 가보니 아버지는 편하게 의자에 앉아서 나를 기다리고 있었다.

어떻게 된 일이냐고 물었더니 동네 한바퀴 돌아오니 집을 못 찾겠더라고 했다. 그런 일이 일어났으니 치매가 올 거라고 어머니는 걱정이 태산이었다. 그런데 어떻게 혼자서 교회로 가려고 했는지 차마 물어볼 수가 없었다.

목적을 달성했으니 기뻐하기만 하면 그만이었다. 그런 일이 반복 되지 않은 채 정상적으로 생활하다가 끝까지 정신을 놓친 적은 없었다. 어머니와 함께 교회로 들어갈 때도 옛날부터 다닌 것처럼 둘이서 나란히 앉게 되었다. 어머니는 아버지와 함께 택시를 탄 적이 없다. 아버지와 단둘이 다니는 것을 쑥스러워 하셨다. 집안에 모임이 있을 때도 택시를 잡아주면 아버지만 혼자 편하게 가게 했다.

그런데 교회에서만은 두 분이 나란히 앉았다. 그것은 어머니께 대단

한 변화였다. 신앙은 어떤 장벽도 무너뜨리는 힘이 있었다. 누가 봐도 부자연스러운 데가 없는 아주 자유로운 노부부의 동행이었다. 나는 그 소식을 듣고서도 아무 반응을 하지 않았다. 한 계절이 물러갈 즘에 아버지가 우리 집에 오셨다. 얼굴이 많이 젊어진 것 같은 느낌이었다. 나는 기분이 썩 좋았다. 방에 들어와서 서둘러 앉는 태도가 아주 좋은 느낌이었다. 아버지는 내게 주기도를 암송했노라고 잘 암송했는지 들어보라고 했다. 누가 시키지도 않았는데 스스로 교회에 다니며 그렇게 하는 것이었다. 다른 교인들이 하는 것을 보고 자기 혼자서 외우기 시작하여 한자도 빠짐 없이 다 외우셨다. 나는 뒤로 돌아 앉아서 자세하게 들었다. 천천히 외워가는 한마디 한마디마다 눈물로 감사하면서 끝날 때까지 다 들어 주었다. 어머니의 기도 승리 같았으나 그런 것은 아니었다. 나는 아버지의 승리라고 말하고 싶다. 그것이 어머니의 소원이었기 때문이다.

그런 다음엔 또 사도신경을 암송 중인데 암송한 만큼 들어보라고 해서 초반 몇 줄까지를 들었다. 나는 속으로 아버지 만세, 아버지 만세를 외쳤다. 내가 아버지에게 "저희 교회로 나오세요"라고 하고 싶었던 적이 여러 번 있었다. "내가 목사인데 그러시면 되겠습니까"라고 했더라면 당장 나오실 분이었다. 교회에 한발 먼저 들어섰다고 대단한 것처럼 착각하면 미숙한 것이다.

아버지는 자진해서 세례를 받았다. 그러고나서 얼마나 기뻐했는지 모른다. 끌려나온 신자가 아니라서 그 성취감이 어땠을까 싶다. 어느 주일 아침 예배 때 평소처럼 중앙에서 조금 앞쪽에 늘 자리를 잡았다. 설교자가 잘 보이는 중앙에 자리를 잡고 앉았다.

목사님이 단상에 서서 설교를 시작하려는 순간에 아버지가 자리에서 일어서면서 손을 들고 목사님을 불렀다. 전 교인이 주목하고 있는 상황이라 어머니는 얼마나 불안하던지 혼비백산이라 할 만큼 오금이 저리고 두통이 났다. 대체 무슨 할 말이 있기에 목사님을 부르는 것인지 정신이 혼란할 때 단 위에서 목사님이 "네, 어르신!"이라고 큰 소리로 응답했다. 그러자 아버지는 허리를 굽혀 "감사합니다."라고 한마디 말하고는 태연하게 자리에 앉았다. 우리 아버지의 일평생 처음이자 마지막으로 말한 "감사합니다."라른 신고는 무슨 뜻인지 본인도 모르고 어머니도 모른다. 하나님만 알아 들으신 감사일 것이다.

   나는 아버지가 그 동안 교회에 나오지 않았던 이유가 흡연 문제를 해결하기 어려워 그런 줄 알았다. 상당수의 남자들이 교회에 다니면서 담배를 몰래 즐기는 것을 보았다. 아버지는 그런 이중 생활은 하지 못할 분이셨다. 그 문제는 자기 스스로 조율할 능력이 없는 것 같았다. 그런 짓을 하려면 교회를 나가지 말아야 옳다고 생각했기 때문에 교회를 멀리 한 줄 알았다. 금연도 억지로 하려고 마음 먹으면 어머니가 강요해서 가능할 수도 있었다. 그러나 그런 일조차 자신의 결단으로 해결하도록 시간을 주고 기다리는 어머니는 다른 사람과 달랐다. 어머니는 좀처럼 아버지에 관한 이야기를 자식들에게 폭로하지 않았다. 그것은 어머니의 자존심을 지키는 자세 같다.
   그러던 분이 어느 날 나에게 와서 상기된 목소리로 아버지의 금연 소식을 언급하셨다. 평생 남편의 담배 연기 속에 살면서 한마디도 잔소리 않던 어머니였다. 아무 말도 없이 스스로 담배를 끊었다는 것이 신기하기만 했다. 교회에 나가기 시작하면서 끊었는지 그 전에 금연부터 하고 교회로 나간 것인지 어머니도 알지 못했다. 그것을 알려고 할 필요는 없었던 것 같다. 나중에 내가 아버지께 물어보자 아버지 자신도 잘 모르겠다고 했다. 그러면서 농담처럼 한마디 던지셨다. "내가 담배를 끊은 것이 아니라 그 놈이 나를 버리고 달아났다."

우리 교인들 중에 담배 문제로 고민하는 경우를 종종 봤었다. 아버지의 금연 비방이 어떠했는지 알면 목회에 도움이 될 것 같았다. 아버지는 자신도 언제 어떻게 금연을 했는지 설명할 수가 없다고 했다. 한참 동안 담배 생각이 전혀 나지 않았을 뿐이라 했다. 그 길로 집에 담배를 두고서도 손을 대지 않았던 것이다. 담배는 중독인데 절로 손이 가는 것을 그렇게 쉽게 하루 아침에 끝낸 것은 우연이라고 할 수 없다.

어머니의 신앙 요법은 자연 요법 같았다. 하나님의 신뢰는 꾸준한 것이 특징이다. 아버지가 집을 못 찾는 일이 다시는 재발 되지 않았다. 교회를 다니게 되면서 정신적으로나 건강상으로나 아무 일도 없이 지낸 것도 어머니에게 보답이 되었다.

기도는 은행 창구처럼 입출을 마음대로 하는 것과 다르다. 기도는 청구하는 자의 것이 아니다. 기도는 자기 뜻을 위탁하는 것이다. 그러므로 기도의 응답은 그 시기나 방법에 있어 전적으로 하나님의 처분에 달린 것이다. 내 의지대로 결론내기보다 하나님의 결정을 기대하는 것이 믿음 있는 자의 바른 태도인 것이다. 그렇게 되는 것이 백배 천배 더 나에게 유익하다. 그런 것을 이해하는 것이 어머니 기도학이다.

* 아무리 힘들어도 버티는 사람은 순리를 따른다. 억지를 부리고 반항을 하지 않는다.
이유를 모르면서 따라가는 법이 없고 이유를 알고도 책임을 회피하지 않는다.

어머니는 오직 내가 하나님의 종이 된 것에 만족했다

• • • •

그해 가을에 나는 노회에서 열네 명의 목사가 안수 받는 중에 함께 있었다. 그날도 어머니는 우리 교인들에게 들키지 않으려고 멀리서 몰래 아들을 지켜보고 돌아갔다. 이미 자기 아들이 아닌 하나님의 종이 된 것으로 만족했으므로 나를 만나지도 않고 아무 축하도 하지 않았다.

귀향민 촌 교회

가난했지만 그래서 좋았다

제2차 세계대전에서 우리나라는 전쟁 당사자였다. 일본이 전쟁의 주범인데 우리는 그 일본의 식민지 아래 있었기 때문에 우리 국민은 가장 큰 피해자이면서 일본 군복을 입고 연합군과 싸우는 자의 편에 서 있었다. 참자유를 빼앗긴 서러운 민족이었다. 끌려가서 싸웠어도 일본군이 아니라는 말을 할 수가 없었다. 자식들이 끌려갔는데도 지원병으로 가장했고 부모들은 필승을 외치면서 환송했다.

많은 국민이 강제 노동자로 끌려갔고, 전쟁에 필요한 인력으로 무차별하게 징용되어 갔다. 어린 소녀들까지 노예처럼 끌려갔다. 산 목숨을 일본에게 내어 주기 싫은 젊은 사람들은 망명을 했다. 만주로 러시아로 그 외에 제3국으로, 일부는 일본 본토로 들어가서 전쟁을 모면하려고 했다. 별별 수단을 동원해 죽지 않으려고 발버둥을 쳤다. 부모 형제와 함께 조국을 떠난 사람들도 많았다. 그 중에 중국으로 가장 많이 갔다. 그 다음으로 러시아 시베리아 등지로도 많이 흩어졌다. 제 2차 세계대전이 끝나자 그처럼 많이 망명 갔던 해외 국민들이 고향으로 밀려 들어오게 되어 그 인원을 수용하기에 여념이 없었다. 국가는 36년간 일본의 착취로 인해 나라를 끌고 갈 힘이 없었다. 나라의 영토를 원상태로 돌려 놓지 못한 채 절반만으로 나라를 세운 데다가 전쟁은 끝났으나 분단의 비극이 전쟁만큼 무거운 짐이 되었다. 나라에서는 어렵게나마 귀향민 촌을 곳곳에 임시로 만들었다. 각국에서 돌아온 사람들은 열악한 집단 생활로 연명하는 것이 최선의 수단이었다. 돌아갈 고향이 있는 사람은 그리 많은 편이 아니었다. 내가 처음으로 청빙을 받은 교회가 그런 귀향민 촌이었다.

목사가 되고 노회로부터 청빙 허락을 받고 부임한 첫 번째 교회였다. 그런 곳은 일반 주거지 안에 들어서기가 어려웠다. 넓은 공지가 있어야 가능했다. 우리 교회가 있는 땅은 넓은 하천 부지 경계 지점에 위치하고 있었다. 그 하천 부지는 시의 땅으로 시에서 거기에 수용 시설을 지었다. 그런 곳은 귀향민으로 심사를 받아야 하고, 아무나 드나들거나 입주할 수 있는 곳이 아니었다. 그곳의 주민이나 감독 관청의 공무원만 드나들 수 있는 제한된 곳이었다.

그런 곳은 특징이 있다. 첫째, 외부 사람을 경계한다. 외국에서는 먹고 사는데 별 문제가 없었다. 그리고 문화적 혜택도 그다지 나쁘지 않았다. 외롭게 조국을 떠나 간신히 안정을 누리다가 전쟁이 끝나자 또다시 힘들게 조국으로 돌아왔으나 가난은 나라도 감당하기 어려웠다. 구차한 삶을 면치 못하는 자기들을 아무에게도 보여주고 싶지 않을 것은 너무나 당연했다. 모두가 보살펴 주어야 하겠지만 나라 전체가 넉넉치 못하여 안타깝기만 하던 때였다.

그나마 제자리에 살던 사람들은 주거 걱정은 없을 때였다. 귀향민들은 공동 화장실을 쓰는 것으로도 생활이 차별되었다. 거기다가 공동 수도까지 쓰자니 고달픈 생활이었다. 그러나 주민들간의 단결력은 무섭게 끈끈했다.

동네로 들어가는 길이 하나로 길게 직선으로 나 있는데 그 끝자락에서 왼쪽으로 돌아 들어가면 교회가 보였다. 그 길 동쪽으로 좁은 골목을 마주하여 집이 한 칸씩 다닥 다닥 붙어 있었다. 담벽이 없어서 방음은 전혀 되지 않았다. 동네 길 서쪽은 원래 있던 가옥들이 귀향민 촌과 마주 보고 있었다. 골목은 청결이 전혀 될 수가 없는 형편이었다.

내가 교회에 부임한 첫날 안내자는 동네를 볼 수 없게 멀리 돌아서 뒷 동네를 통해 들어갔다. 물론 나는 그 길이 동네 길인 줄 알았다. 안내자는 처음 부임하는 내게 나쁜 인상을 주지 않으려고 그런 배려를 한 것같다. 그 안내자를 따라 교회에 들어설 때까지 나는 귀향민 촌을 구경하지 못했다. 교회는 귀향민 촌 안에 있지 않았다. 그 동네 길 입구에서도 교회는 보이지 않았다. 교회는 길이 끝나는 지점에 자리잡고 있었다.

그 자리에는 귀향민 촌이 들어서기 전부터 옛집 몇 가구가 살고 있었다. 귀향민 촌은 윗동네와 아랫동네 자리의 빈 공터에 위치해 있고, 판잣집들이 대부분이었다. 교회도 판자로 큼직하게 지어져 있었다. 귀향민 촌이 아니더라도 그 동네는 하천 부지가 많아서 판잣집이 꽤 많은 편이었다. 해방과 6.25 때문에 전국 어디를 가나 판잣집이 비슷하게 많을 때였다.

교회는 단연 그 주변에서 가장 큰 건물이었다. 그 만큼 당시로서는 교회의 역할과 사명이 컸다. 주민들끼리 사이도 나쁘지 않았다. 귀향민 촌 외곽을 두르고 있는 일반 동민과도 협조가 잘 되었다. 그런 영향은 교회를 통해 자연적으로 이뤄졌다.

공동 수도, 공동 화장실을 쓰고 있는 거대한 가족 공동체는 그 나름대로 질서가 있었다. 그런 곳에 교회가 없었다면 얼마나 삭막할까 싶었다. 나는 아직 젊고 처음 목사가 된 후라서 모든 것이 새로웠다. 또 그곳이 어렵게 살아가는 사람들에 대해 공부를 하는 학교 같았다.

나는 귀향민 촌에서 봄을 맞았다. 귀향민 촌의 봄은 색상이 화려했다. 집은 있으나 마당이 없어서 방문을 열면 한 뼘 앞이 골목으로 연결되어 있었는데, 봄 볕에 빨아 널어둔 옷들이 난민 생활을 원색적으로 노출 시키는 계절이기 때문이다. 집집마다 화분에 꽃을 심어 문 앞에 진열하는 풍속은 한 때 외국 생활에서 배운 문화의 영향이었을 것이다. 내게도 그 봄은 의미가 남달랐다. 전도사로 섬긴 마지막 봄이었기 때문이다. 그해 가을에 나는 드디어 목사 안수를 받았다.

5월이 되었다. 어린이날이 되었다고 어머니가 공책을 사가지고 선물로 주고 가셨다. 그것이 나의 마지막 어린이날 선물이었다. 어머니는 내가 목사가 되면 하나님의 종을 자식이라고 생각을 할 수 없다는 생각을 했다. 어머니만 그런 생각을 한 것이 아니었다. 어머니와 절친한 친구 분도 내가 목사가 된 후에는 윗사람에게 하듯 예의를 갖추어 대하셨다. 아무리 말씀을 낮추시라고 부탁해도 듣지 않으셨다.

그 때 나는 목사가 될 자질을 시험하려고 죽는 연습을 하듯 강력한 모험을 계획해 놓고 있었다. 먼저 생활을 통한 극기 훈련부터 한 후에 산에 들어가서 금식 기도를 하기로 작정했다. 사람이 죽으려면 굶는 것이 가장 쉽다. 그래서 굶기부터 연습하려고 했다. 하루 두 끼만 먹기로 했다. 다음 단계로 일 년 동안 돈을 한 푼도 쓰지 않기로 했다. 일년 봉급을 가불해서 그대로 헌금했다. 생활비 한 푼 없이 살아 보려고 했다. 아내도 돈 없는 생활을 꾸려 갔다.

누구에게 구차하게 동정을 받거나 기댈 생각은 나도 아내도 하지 않았다. 나는 친가에 알리지 않았고 아내도 친정에 말하지 않았다. 일 년 동안 시장도 구멍가게도 간 적이 없이 지냈다. 식구들과 함께 식사를 해야 아이들이 눈치를 채지 못하기 때문에 아침과 저녁은 집에서 규칙적으로 먹었다. 점심은 금식을 했다. 그런데 난처한 일이 생겼다. 전도사는 심방이 매일 있다. 심방은 점심을 대접하는 것이 관례인데 일 년간 점심을 금식하는 동안에 함께 심방을 같이하는 일행들이 자기들끼리만 먹기에 얼마나 민망했을까 싶다.

그렇게 일 년이 지나고 산기도를 가기로 했다. 교회에서 금식을 2주 이상 하지 못하게 제한했다. 그 당시에 기도원에서 금식을 과다하게 하여 회복을 못하는 사례가 많았기 때문이다. 그래서 나는 2주간만 금식을 하기로 하고 산에 들어갔다. 목사가 될 자신감을 어떻게 얻게 될지 그것은 모른 채 시작했다. 보름 동안을 금식하며 기도에 열정은 다 쏟았으나 결정적인 증거는 얻지 못했다. 마지막 이틀을 앞두고 무시무시한 악귀가 들끓는다고 소문이 난 바위굴 속으로 들어갔다. 그 굴은 무당들의 전용 굴로 연중 내내 신내림을 받는 굴이었다.

굴은 비어 있는 날이 없었다. 그런데 그 무렵 큰 비가 온다는 일기예보가 있었다. 80년만에 큰 가뭄이 있던 때였다. 1965년 5월 초, 무당들이 모두 하산하여 굴이 비어 있을 때 굴에 들어간 나는 거기서 밤새 귀신들과 싸우다가 날이 밝아 굴 밖으로 나왔다. 그리고 내 천막으로 들어가 통곡을 하며 한 번만 봐 달라고 매달렸다.

정한 기간은 지났으나 마음은 컬컬했다. 기운이 쭉 빠지고 마음이 무겁게 가라 앉았다. 무엇을 해야 될지 몰라서 성경을 폈다. 성경 어디를 봐야 될지 몰라서 눈을 감았다. 그 순간 나는 놀라운 지경에 빠졌다. 성경을 통채로 훤히 들여다보게 되는 신비를 체험했다. 신약 성경 27권이 한눈에 다 들어왔다. 그때 어머니가 주신 노트를 꺼냈다. 나도 모르게 생각이 나는 대로 열심히 적어 내려갔다. 어느새 대학 노트 한 권을 다 썼다. 성경 구절만 수백 절을 썼는데 살펴 보니 700절 가까이 되었다. 성경의 제목과 신약이 말하는 은혜를 스물일곱 가지로 분류했다. 그 다음 날 나는 산에서 내려왔다. 그리고 바로 천막을 빌려 준 L목사를 찾아갔다. 그 분은 당시 영성의 대가로 유명한 부흥사였다.

L목사가 나에게 기도한 결과를 말하라며 강권하듯 요청했다. 나는 아무것도 내놓을 것이 없다고 했다. 그러면서 대학 노트에 적은 것을 보여 주었다. L목사는 그것을 한참 훑어 보다가 갑자기 사찰에게 교회 종을 치라고 명령했다. 교회 종소리를 들은 각 구역에서 대표들이 모여들었다. L목사는 모인 구역 대표들에게 오늘 밤에 특별 강사를 모시고 부흥회를 열 터이니 전교인을 소집하라고 광고했다. 그리고 내게 밤에 부흥회를 한 시간만 인도해 달라고 했다.

나는 그날 밤에 설교를 했다. L목사는 성결교 부흥사이며 산 기도 대장이었다. 그분의 지도를 받으려고 찾았던 나에게 그는 "당신은 진짜 장로교 목사다"라며 산기도에서 불 받은 사람은 봤으나 글 받은 목사는 처음이라고 나를 추켜세웠다. 내가 불을 받으려고 간 것은 사실이었다. 그는 불보다 더 귀한 글을 받았다고 감탄해 했고 나는 아직 뭐가 뭔지 분간이 되지 않았다.

설교를 하게 될줄 모르고 양복도 입지 않고 작업복으로 산에 갔다 오는 길이었다. 옷은 빌려서 입었으나 설교는 준비할 시간이 없었다. 그런데 그날 밤 나는 아무 준비도 없이 한 시간 가량 설교를 했다. 평생 처음 준비 없이 하는 설교를 체험했다.

다음 날 아침에 대구역에 도착하니 수십 명의 교인들이 금식 기도하고 돌아오는 목사를 보겠다고 소란을 피우며 마중 나와 있었다. 나는 그 시절이 일생에 가장 좋았던 시절로 지금도 기억한다. 그런 분위기를 타고 교회는 하루가 다르게 영적 성장이 되어갔다.

그해 가을에 나는 노회에서 열네 명의 목사가 안수 받는 중에 함께 있었다. 그날도 어머니는 우리 교인들에게 들키지 않으려고 멀리서 몰래 아들을 지켜보고 돌아갔다. 이미 자기 아들이 아닌 하나님의 종이 된 것으로 만족했으므로 나를 만나지도 않고 아무 축하도 하지 않았다.

교회라는 곳은 사람으로 구성된다. 돈도 아니고 환경도 아니고 시설도 아닌 사람이다. 귀향민 촌은 사람 외에는 아무 것도 없었다. 그래서 나는 그 교회가 좋았다. 그 중에서도 청년들이 가장 인상적이었다. 교인들도 특별히 청년들을 아끼고 사랑했다. 그리고 또 한 가지 다른 특징은 노인들이었다. 나이 많은 할머니들이 처녀처럼 수줍고 아름다웠다. 교회 구성원 중 가장 많았던 할머니들은 다른 교인들보다 몇 배의 기도를 했다. 아무 욕심도 없이 순전한 믿음으로 교회를 사랑했다. 사실 노인층이 갖고 있는 기도의 저력이 교회의 밑거름이 될 때 목회가 얼마나 풍요로운지 모른다. 내가 이민 교회를 할 때 우리 교회에 할머니들이 많았다. 경제력은 없었으나 교회의 윤활유같은 역할을 하는 것을 체험했었다.

개척교회 10년째 되던 해였다. 할머니들이 교회를 사자고 말을 하기 시작했다. 그 당시 교회 재정 가운데 건축 기금은 전혀 책정되어 있지를 않았다. 교회 운영은 지장이 없었으나 교회를 사는 것은 감히 생각지 못하던 때였다. 그런데 할머니들이 날이 갈수록 나를 졸랐다. 나는 좋은 의견이라고 환영했으나 실천할 생각은 없었다. 교인들의 생활을 손바닥처럼 알고 있는데 어디서 헌금이 나온다고 생각하는지 노파심도 생겼다.

그런데 우리는 교회를 샀다. 그러고나니 이번에는 사택을 사자고 졸랐다. 교회 바로 옆집이 교회와 같은 안쪽 도로를 공동으로 사용하는 집이었는데 그 집을 사면 사택으로 적당하다고 입을 모았다. 터무니 없는 욕심 같아서 웃고 말았다. 그런데 할머니 부대가 더욱 확신을 가지고 살 수 있다고 앞장 서서 사택을 사자며 노래를 불렀다. 결국 그 집도 3년이 못 된 시기에 샀다. 노인들은 교회의 가슴인 것 같다.

귀향민 촌 교회에는 청년들이 많이 출석했다. 평소에는 밥벌이를 위해 열심히 살고 일주일의 하루는 교회에서 휴식을 했는데, 얼마나 마음들이 따뜻하고 목이 말라 있는지 설교를 듣는 자세가 다른 교회와 많이 달랐다.

내 입장에서는 목사가 된 후 첫사랑의 열정으로 목회하던 교회였다. 시작하는 기초가 바로 되어야 목회가 바로 된다. 나는 설교에 가장 중점을 두고 목회를 했다. 어머니는 늘 내 설교에 관하여 걱정을 많이 하셨다. 목사의 설교는 잔소리가 되어서는 안 된다고, 잔소리처럼 들려서는 더욱 아니 된다고 했다. 나는 어머니의 교훈대로 그런 것을 경계하고 목회했다. 그 다음으로 자기 자랑을 억제하지 못하고 별별 자랑을 늘어 놓는 것은 강단에 대한 모독이라 생각해서 가능한 내 이야기는 배제하려고 노력했다.

귀향민 촌 교회에서는 3년에 한 번만 잔소리를 하기로 훈련했다. 세상에 제일 재미 있는 것이 잔소리하는 것이다. 목사도 가끔은 화를 내기도 한다. 그것도 성경을 따라 명분 있게 하면 좋은 설교가 될 수도 있으나 습관은 나쁘다. 나는 그런 악습은 철저하게 억제했다. 설교는 쉽고 간결하며 교인들이 생각하는 것보다 한 보 앞서서 인도하는 영적인 힘이 있어야 한다고 믿었다. 설교 연구와 열정에 전력 투구하며 과감하게 도전했던 시기였다.

년초에 기도원에 가서 일 년 동안 53주 설교문을 다 작성해서 본문과 제목을 인쇄하여 교인들에게 나눠줬고 년말에는 청년들로부터 1년 설교에 대한 감회를 들었다. 그들은 내 설교를 잘 듣고 잘 소화했다. 출석률이 높았고 결석이 별로 없었다.

어른들도 많아서 수용 시설이 부족했다. 교회 건물이 너무 낡아서 교회도 새로 짓기로 했다. 건축 헌금을 따로 거두지 않고 형편대로 내기로 했다. 가난한 사람은 내지 않게 하고 낼 형편이 되는 사람이 부담하기로 했다. 무슨 일이든지 시작이 중요하다. 누가 먼저 헌금을 하면 대부분 사람들은 따라서 하는 습관이 있다. 그런데 먼저 하는 사람이 너무 거금을 작정하면 선뜻 다음 사람이 나서지 않을 수도 있다. 처음에 너무 작게 하면 모두 거기에 맞춘다. 그런 생각을 하다가 아주 새로운 방법을 구상하게 되어 여러 가지 실험을 하기로 했다.

연습이 아닌 확신을 가지고 새로운 시도를 했다. 우선 교회 규모를 어느 정도로 지을 것인지 정하는 것이 중요했다. 교회 부지가 한정이 되어서 현재 교회보다 조금밖에 확장할 방법이 없어서 마음이 안타까웠지만 누가 봐도 타당한 면적을 제시함으로 협조를 구할 수 있었다. 평수를 합리적으로 계산했고, 누가 봐도 적당하게 내놓았다. 그러고나서 아무 예고 없이 주일 설교를 하던 도중에 전격적으로 건축 헌금을 작정 하기로 마음을 굳혔다.

하나님의 성전을 짓는데 반대할 사람은 없을 것이라고 확신했다. 설교가 거의 끝날 무렵에 수석 장로를 바라 보았다. 나와 눈이 마주치는 순간에 내가 말을 걸었다. 만일 우리가 새 성전을 짓는다면 동의하겠느냐고 물었다. 장로님은 "네!"라고 크게 대답했다. "가령 백 평 크기로 짓는다면 장로님은 몇 평을 부담할 수 있겠느냐"고 물었다. 전교인들이 깜짝 놀라서 긴장이 엄습했다. 장로님은 별로 놀라지도 않고 열 평은 해야 되겠다고 대답했다.
계속 하지 않으면 분위기가 이상해질 것 같았다. 내친 김에 그 다음 장로에게 같은 질문을 했다. 그 장로님도 상당한 평수를 결정했다. 그렇게 되자 돈이 좀 있는 사람의 마음이 군중 심리로 들뜨게 되었다.

그 다음은 사는 형편이 좋은 O집사에게 물었다. 예측대로 시원하게 답이 돌아왔다. 그렇게 되면 가난한 사람은 헌금하지 않아도 아무 지장이 없을 것 같았다. 나는 마음을 가다듬고 다시 하던 설교를 끝마쳤다.

온 교인의 반응은 상상 외로 좋았다. 내가 이제 자기들의 목사같다며 마음이 놓인다고 했다. 동네가 워낙 힘해서 금방 어디로 떠나갈 줄 알았다는 것이었다. 그러나 나는 그런 생각을 한 적이 없었다. 그 교회는 생동감 넘치는 사람 사는 곳이었다.

당시에도 건축법은 엄격했다. 그러나 개축을 하는 형식을 찾아서 아무 허가 없이 판자를 걷어내고 벽돌집을 지었다. 그리고 평수를 조금 넓혀서 수용하기에 좋도록 개조했다. 그 교회를 개축하려고 준비할 때 큰 사고가 한 건 있었다. 기존 건물을 헐게 되었는데 그 집이 폭삭 주저 앉은 것이다. 교회가 들어서기 전부터 그 자리에 있었던 그 집은 작고 낡은 초가집이었다. 그 집에는 교회를 지키는 사찰과 여전도사가 각각 한 칸씩을 나누어서 쓰고 있었다. 그런데 아침 시간에 그 오래 된 집을 헐려고 돌아 보는 중에 집이 그대로 내려 앉았다. 사찰 식구 다섯 명과 여전도사 한 명이 있었으나 마침 그 시간에 그들이 의논을 한 것처럼 잠시 밖으로 나와 있어서 난데 없는 그 사고에서 아무도 다치지 않았다.

마당에 내려 서서 돌아 보는 순간에 자기 집이 없어진 것이다. 아찔한 순간이라 아무도 말을 하지 못했다. 어른 셋 아이들 셋이 거기에 있었으나 그들이 왜 밖으로 나왔는지 아무도 모른다. 그런 일이 있었던 탓인지 교회 건축은 아무 일 없이 완공될 수 있었다. 헌금 광고 걱정, 재정 걱정 없이 교회는 날로 부흥 되었다. 장로도 증선하여 다섯 명이 되었다. 교인의 분포는 수용소 오십 퍼센트, 외부 오십 퍼센트로 반반이었다. 이후부터는 수용소 사람들도 변화가 있었다.

그 시기에 두 사람이 우리 곁을 떠나는 슬픈 일이 있었다. 한 사람은 중년 여성 집사였다. 금요 구역 예배를 마치고 교회에서 철야 기도를 하던 중에 갑자기 세상을 떠났다. 가족으로는 남편과 직장을 다니는 남매가 있는 건강한 여성이었다. 엄마가 교회에서 철야 기도를 하러 가서 돌아 오지 않자 찾아온 자녀들에게 엄마가 몸이 좀 아프니 너희가 아침을 해 먹고 직장에 출근하라고 달래어서 돌려 보낸 후였다.

지난 밤에 교회에서 기도한 사람은 세 사람이었다. 모두 같은 여집사들이었고, 기도 중에는 아무 이상도 없었다. 그 집사는 혼자 강대상을 붙잡고 기도했다고 했다. 그리고 숨진 것도 강대상을 붙잡고 몸을 앞으로 구부려서 쓰러진 채였다. 아무도 그가 죽은 줄 몰랐다. 잠이 든 것 같아서 깨우려다 보니 이미 숨이 끊어져 있었다고 했다. 사인이 무엇인지 아무도 몰랐다. 만일 누가 신고를 했으면 어떻게 되었을지 모를 일이다.

간밤에 우리 집을 다녀 갔으니 내가 최종 목격자였다. 무엇보다 내가 그 교회 담임 목사였고, 그 현장과 가장 가까운 곳에서 자고 있었다. 그집 남매가 엄마를 찾으러 왔을 때 사실대로 말하지 않은 것은 순서를 지켜야 할 것 같아서였다. 그 사건은 그 여성의 남편에게 먼저 알려야 했다. 멀쩡한 사람이 죽었으니 의혹을 제기하면 큰 사건이 되었을 일이다. 의혹을 제기하지 않아도 사인이 분명하지 않으면 문제가 생길 소지가 있었다. 아무 일도 없었던 것처럼 장례만 치르고 끝날 일이 아니었다. 일단 보호자인 남편의 결정이 중요했다. 자녀들이 먼저 알면 소동이 일어날지 몰라서 일차적 조치는 잘 한 것 같았다. 내가 생각해도 의문이 풀리지 않은 점은 죽을 만한 이유가 없었다는 것이었다. 함께 기도하던 두 사람도 평소처럼 기도했으며 별 이상을 못 느꼈다고 진술했다. 평소에 지병도 없었다. 그 부인의 남편이 어떻게 나올지 나의 가슴은 표현을 할 수 없이 긴장이 되었다. 수용소 교회에서 밤에 사람이 죽었다는 소문이 난다면 신문 기자가 몰려올 것이었고 경찰이 들이닥칠 것이고 장안이 뒤집힐 것 같았다.

당장 교회가 큰 시험에 빠지게 될 상황이었다. 더구나 남편은 교인이 아니었다. 마누라 살려내라고 할 것이 눈에 훤히 보이는 것 같았다. 이제 나의 목회는 어떻게 될까 싶었다. 누구보다 그의 남편이 두려워서 만날 자신이 없었다. 교회에 찾아 왔다가 이미 숨졌다고 말하면 가만히 있을 남자가 없을 것이었다. 지금도 살면서 그때처럼 난감했던 적은 없었던 것 같다.

그렇게 혼자서 끙끙 앓고 있는데 사태는 생각 외로 차분히 종료 되었다. 남편이 찾아와서 내게 공손히 인사를 했다. 그리고 밤에 있었던 일을 물어 보았다. 나는 있는 그대로 설명했다. 같이 기도하던 두 여성도 있었던 일을 그대로 말했다.

남편의 그 다음 태도는 내 일생에 가장 위대한 교훈이 되었다. 그는 내게 죄송하다며 사과를 했다. 자기 아내가 집에서 자다가 죽었다면 자기가 어쩔 뻔 했느냐며, 자기가 놀라고 당황했을 것을 목사님께 피해를 입혀서 정말 미안하다고 했다. 나는 그렇게 착하고 순수한 남성을 어디서도 본 적이 없다. 보통 사람은 그런 비통한 순간에 분노한다. 교회가 책임지라고 하기 쉽다.

그런데 그 보다 한층 더 놀라운 것은 그 남편이 감사를 연발했다는 것이다. 자기 아내가 교회에서 그것도 기도하던 중에 죽었으니 얼마나 좋은 곳에 갔겠느냐고 했다. 세상에 얼마나 많은 사람이 사고로 죽는데 거룩하게 죽는 것이 예사 복이냐는 것이었다.

나는 그때 믿지 않는 사람들 안에도 생각지 못한 비범한 정신이 숨어 있다는 것을 깨달았다. 분명히 교회에 책임을 물을 수 있는 사고였다. 죄송하다, 감사하다는 인사는 아무나 할 수 없다. 그 여성 집사의 죽음 후에 신기한 변화가 일어났다. 첫째는 그 남편이 교인이 된 것이다. 다음은 강단을 바라보는 시선이었다. 강단은 목사 전용이다. 그 강단을 붙들고 죽기까지 무슨 기도를 했을지 바라보는 마음이 전과 달라졌다. 그 무렵에 주님이 현몽하셨다. 강단에 서 있는 나의 옆에서 주님이 손을 머리에 얹으며 이제는 되었으니 나가라고 하신 것이다.

그 해로부터 50년이 지난 지금도 나는 강단을 지키고 있다. 그 여집사의 기도가 아니라도 상관은 없다. 그러나 나는 그의 기도를 헛되이 평가하고 싶지 않다. 그 장례는 한점 잡음 없이 잘 끝이 났고 남편의 회심은 별도의 보너스였다.

그 일이 있고 얼마 후 교회에서는 젊은 청년의 장례식을 뒤이어 치르게 되었다. 급성 백혈병으로 진단 6개월만에 죽고 만 그 청년은 콩쿨에서 1등을 한 전도 유망한 젊은이였다. 건강하고 씩씩하던 청년이 급성 백혈병이라는 희귀한 병으로 세상을 떠나고 그의 장례식장에는 온 교회 청년과 친구들로 가득찼다. 그의 죽음은 세대 교체를 보고 배우는 계기가 되었다.

어린 학생들은 커서 사회인이 되거나 유학을 가고 모두 다 늠름한 어른이 되어 자립하게 되었다. 젊은 아주머니는 모두 중년이 되고 할머니 되서 옛날을 회상하며 살았다. 나도 그 교회에서 딸을 얻어 삼 남매의 아버지, 다섯 식구의 가장으로 나이 들어가는 것이 자랑스러웠다. 그 교회가 내 목회의 모델이라고 해도 될 만큼 알뜰했다.

그 시절만큼 열정과 순수한 정서는 평생 지속되지 않은 경험들이었다. 거기서 만난 교인들은 나의 소중한 자산이 되었다. 그 중 젊은이들과 함께한 시간 가운데 내가 선천적으로 사람을 좋아한다고 말해 준 스승이 있었다. 그분은 주일학교 때부터 나를 가장 잘 살펴 준 분이었다. 내가 미국으로 떠날 때 나에게 마지막으로 충고를 해준 말이 있다. 그런 점은 나의 장점인 것은 틀림없지만 때로는 그런 성향 때문에 어려움이 생길 수도 있을 거라는 우려를 일러 주었다.

나를 아는 대다수의 사람들은 내가 어린 아이들을 좋아한다고 했다. 나이 많은 노인들은 잘 살펴주며 아이들처럼 좋아한다고 기뻐했다. 반면 청년들을 내가 좋아할 사이가 주어지지 않았다. 왜 그런지 모르겠지만 교인의 다수가 청년이 아닌 탓일 수도 있을 것이다. 청년들은 늘 일부일 뿐이다. 그들은 자기들끼리 어울리기를 좋아한다. 목사의 손을 좀처럼 잡으려 하지 않는다. 목회의 우선 순위에서 청년들은 항상 뒤로 밀려난다. 청년은 내가 아니라도 힘이 있다.

목회를 하다 보면 병자가 최우선이다. 밤에라도 병자가 부르면 달려가야 한다. 그 다음이 외로운 사람, 가난한 사람, 문제가 생긴 사람 순이다. 쫓겨 다니는지 쫓아 다니는지 알 수 없는 사고 처리에 보내는 시간이 많다. 그런 현실을 감당하면서 젊은이들과 함께하기가 쉽지 않다. 교회 규모가 커지면 청년부 사역자를 따로 두게 되고 담임 목사는 청년들과 멀어지는 상황이 되어 청년은 자기들만의 별도의 교회를 가지게 되는 것이 현실이다.

나는 귀향민 촌 교회를 통해서 청년을 이해하게 된 것과 다양한 교인들과의 균형 있는 목회를 체험했다. 그 후로는 그런 목회를 해볼 수 없었다. 거기에는 두뇌가 명석한 수재들도 있었고 시대를 앞서가는 용사들도 많았다. 청년들이 얼마나 드세고 똑똑하던지 배울 점이 많았다. 여자 청년들도 다르지 않았다. 나는 신학교 시절에 줄곧 농촌 교회만 섬겼다. 주중에는 알바도 뛰어야 했다. 그러니 세상이 어떻게 돌아가는지 아무 것도 배울 사이가 없었다. 시대 감각도 없고 세상물정 전혀 모르는 목사가 청년들은 걱정 되었던 모양이었다. 어느날 나를 납치하다시피 끌고 영화관에 들어 앉혔다. 나는 영화를 볼 생각이 없었다. 그런데 내 양쪽에 청년이 붙어 앉아서 함께 보게 되었다. 영화 제목이 뭔지도 모르고 시끄러운 음악 소리만 귀가 따갑도록 들었는데 무엇을 봤는지 기억이 나지 않았다. 청년들은 각본을 짜놓은 대로 나를 식당으로 데리고 갔다. 너무 놀라게 했으니 용서해 달라는 것이었다. 그것이 무슨 죄라고 사과 턱을 쏘는것 같았으나 나는 오히려 고맙기만 했다. 별난 세상을 구경했으니 내가 한 턱 쏘는 것이 나을 뻔 했다. 내가 너무 멍청한 시골 사람 같아서 때를 좀 벗겨 주려는 의도로 깜짝 이벤트를 벌였을 게다.

돌아나오면서 극장 간판을 봤다. <록 엔 롤> 이라고 써 있었다. 처음 보는 그 말조차 무슨 뜻인지 모른 채 민망한 나들이를 함 셈이다. 서양에서 밀고 들어오는 록 음악이 세계를 휩쓸 때 나는 잠을 자고 있었던 것이다. 그 후로도 청년들의 깜짝 쇼가 종종 있었다. 그 때 그 청년들이 얼마나 기발하고 생동감 넘치던지, 나는 그때 청년들을 보는 안목이 새로워졌다.

내가 사는 사택은 교회와 나란히 붙어 있었다. 문을 열면 바로 교회였는데, 그러다보니 교회에서 벌어지는 일은 모르는 것이 없었다. 어느 날 청년들이 교회 안에서 한 청년을 달달 볶고 있었다. 무슨 일로 그렇게 애걸하느냐고 했더니 그 청년을 콩쿨에 나가게 하려고 조르는 중이라 했다. 대구의 모 방송국 개국 기념으로 경북 도내 가곡 콩쿨 대회가 있다는 것이었다. 그 큰 콩쿨에 우리 교인이 1등을 가져 오겠다는 것이었다. 교회와는 상관 없는 일반 콩쿨이었다. 야무진 꿈은 좋지만 본인은 쑥스럽다고 사양하기 급급했다. 그러다가 응원자들이 밀어붙이는 힘을 이기지 못해 승낙을 했다. 음악을 좋아하는 멤버들이 곡을 고르느라고 연일 북새통이었다. 좋다는 곡은 다 불러보고 결국 곡이 결정되었다. 내가 듣기에는 그 곡은 부를 사람이 꾀 많을것 같았는데, 그 곡이 무난하고 좋다며 모두가 마음이 하나가 되었다. 며칠 지켜보다가 내가 한마디 거들게 되었다. 콩쿨은 경쟁이니 이기려면 심사원이 점수를 잘 줄 것을 계산해야 승산이 있다고 조언을 했다. 착한 청년들은 내 말을 알아듣고 도움을 청했다.

당시 그 지방에는 음대가 많았다. 음대 성악 전공자가 당연히 유리했다. 그래서 선정한 그 곡은 아마 여러 명이 경쟁을 하게 될 가능성이 높고, 그런 경우는 심사관이 서로 엇갈릴 것이었다. 공정한 점수가 나기 어렵고 작곡가의 영향도 심사에 상당한 작용을 할지 모른다고 말했다. 청년들은 내 말에 동의하는 듯 했다. 무슨 전략이라도 있느냐고 다시 물어 와서 아무도 부르지 않는 곡을 부른다면 기대할 만하다고 말해줬다. 그러면서 일등을 할 곡이라면 음대 학생들이 부르지 않겠느냐고 반문했다. 물론 맞는 말이었다. 그러고는 그런 틈새를 노리면 된다고 했다. 청년들은 그런 곡이 있겠느냐고 반문했다. 나는 당연히 있다고 당당하게 말했다. 그러면서 나는 현제명 작곡의 <고향 생각>을 권했다. 모두 눈이 휘둥그레졌다.

누가 먼저 말을 했다. 그건 초등학생들이 부르는 노래가 아니냐는 것이었다. 나는 "그 많은 성악 지망생들이 온갖 뽐을 내면서 오페라 주인공을 흉내낼 텐데 당신들 같으면 어떻게 하겠느냐"고 반문했다. 결국 내 설득은 받아들여졌다. 그 청년은 그 노래만큼은 자신이 있다고 했다. 짐작컨대 그 노래는 본인 혼자만 부를 것 같은 예감에 좋은 기분을 불어 넣었다. 며칠간 연습을 지켜 보았는데 손색 없는 1등감이었다.

콩쿨이 열린 당일 우리 교회 교우들은 강당에 먼저 가서 자리를 잡고 있었다. 출연자가 생각보다 많았다. 전 출연자가 한 곡씩 부른 다음 결선에 오른 사람 열 명의 명단을 발표했다. 그 중에 우리 교회 S군의 이름이 있었다.

드디어 열 명의 열창이 차례 차례 울러퍼질 때마다 우뢰와 같은 박수가 쏟아졌다. 마침 예선부터 중계를 하지 않고 결선만 중계한 탓에 집집마다 청취에 여념이 없었다. 긴장 속에 열 명의 노래가 다 끝났다. 저마다 심사를 했을 것이다. 모두가 주관적일 테지만 객관적인 일 등은 한 명이 될 것이었다. 서로 얼굴을 바라보면서 불안함을 감추지 못했다.

예상대로 음대생들 가운데 오페라를 흉내내는 연출이 많았다. <고향 생각>은 S군 혼자뿐이었다. 경합이 심할 거라고 했던 마지막 심사를 통과한 출연자는 네 명으로 좁혀졌다. 워낙 대곡을 많이 불러서 <고향 생각>은 가창력이 아무리 좋아도 일 등을 차지하기는 어렵겠다는 생각이 들었다. 욕심을 버리고 일어서서 기다리는데 그 때 심사 발표가 시작 되었다. 호명은 장려상부터 발표 되었다. 거기에 호명이 되어도 영광일 터였다. 장려상 다음으로 3등을 호명했다. 그 다음에 2등이 호명 되었고, 다음으로 1등이 발표될 참이었다. 그때 안내 방송이 있었다. 1등 발표는 좀 뜸을 들였다가 발표할 모양이었다. 나는 계속 서 있었다. 앉아 있는 것이 불편하고 무슨 죄를 짓는 기분이었다. 우리 S군의 이름은 아직 불려지지 않은 사람 중에 남아 있었다. 아직은 희망을 걸어도 되겠다고 생각하면서 낙심 반 기대 반을 남겨 놓고 신경을 불로 지지고 있었다. 드디어 1등을 발표하려는데 응원 나온 사람들이 모두 자기가 지지하는 이름을 불러대기 시작했다. 그 함성을 뚫고 1등의 이름이 호명되었다. S군이었다. 나는 눈물을 보이지 않으려고 밖으로 나오고 말았다. 그 기쁨을 어떻게 설명을 할 수 있을까.

  S군은 그 후에 공군에 입대하여 군 복무를 하게 되었다. 그는 전군 군가 경연 대회에서도 3군 중에 또 1등을 했다. 제대한 후에는 우리 교회 성가대 지휘를 맡았다. 그 때 또 성가대원 중에서 네 명이 사중창단을 만들었고 전국 청년 연합회 성가 경연대회에서 중창부 1등을 하고 돌아왔다. 청년들의 사기가 하늘로 치솟았다. 그들이 교회 전체를 행복하게 해 주었다.

  어머니는 그 교회에도 출입하지 않았다. 잠시 서울에 오시면 교인들이 볼세라 얼른 아무 눈에도 띄지 않게 사라졌다. 그래서 교회에서 나의 어머니를 아는 교인은 없었다. 어머니는 그렇게 자식을 하나님의 종으로만 바라 보시며 살았다.

  그 교회는 수용소같은 귀향민 촌이 있어서 행정 구역 상으로 불이익이 많았다. 수백 세대가 살고 있는 동네에 전화 한 대가 없었다. 이유는 가설 불능 지대여서였다. 교회마저 전화가 없으니 불편하기 짝이 없었다. 어느 여집사가 이 사정을 알고 자기 남편에게 교회에 전화를 설치하게 도와 달라고 졸랐다. 그 집사의 남편은 교인이 아니었다. 그래도 자꾸 졸랐던 것 같다. 결국 교회에 전화가 설치 되었다. 나는 그때 또 한번 교회청년들과 여성들의 힘이 얼마나 큰가를 배웠다.

교회는 여성들에 의하여 좌우 된다. 반대로 여성들의 파괴력도 만만치 않다. 여성을 무시하는 교회는 교회가 아니다. 여성은 아무리 나이가 많아도 여성이다. 나의 이 생각은 그때로부터 지금까지 변함이 없다. 그리고 나는 여성들을 존중하고 신뢰하며 어떤 차별도 하지 않는 목회를 하는 것이 옳은 목회라고 믿는다. 여성은 어머니다. 여성은 아내, 즉 신부다. 성도를 그리스도의 신부라고 할 때 여성을 이해하는 것과 일맥상통한다.

* 여성은 어머니다. 여성은 아내, 즉 신부다.
성도를 그리스도의 신부라고 할 때 여성을 이해하는 것과 일맥상통한다.

어머니가 맺어준 아내는 검열자이자 안내자이다

・・・・

그렇게 맺어준 덕분에 지금 내 아내는 세상 어디에도 없는 목사의 아내다. 내가 60년 목회를 하는 동안 아내는 단 한 번도 짐이 된 적이 없이 오히려 힘이 되어 주었다. 가는 교회마다 나보다 아내가 더 많은 사랑을 받은 것을 교인들이 더 잘 알고 있다. 지금은 내가 운전을 못해서 운전 기사이기도 하고 비서이기도 하다. 그리고 사감 선생같이 살펴준다. 심지어 설교 검열자 역할도 해 준다. 24시간 눈의 역할도 하는 안내자이다. 월급 한 푼 없이 아무 것도 따지는 것 없는 무임이다.

어머니 빚 청산

평생에 지은 두 개의 빚

어머니는 평생 빚을 진 적이 없었다. 당신이 누구의 돈을 빌린 적이 없었다. 그런데 남의 빚을 떠앉고 채권자의 압박을 받은 적이 있었다. 그런데 그 채무액이 평생을 번 액수였다. 채권자가 은행이어서 법적 처리를 할 수밖에 없었다.

아버지의 퇴직금으로 평생 처음으로 장만한 집을 담보한 거였다. 우리 가족이 살고 있는 집이며 아들 셋을 장가보낸 집이기도 했다. 그 집을 담보로 빌려간 줄 모르고 백지에 도장 한 번 찍어 준 것이 화근이 되었다.

그 사람이 워낙 말을 잘 한 탓이기도 했다. 무슨 뜻인지 알아들을 수 없게 교묘하게 사기를 쳤으니 별 수 없었다. 속수무책으로 집을 날린 어머니는 아버지를 볼 면목이 없어서 시골에 있는 내게 의논을 하러 오셨다.

한평생 사고라고는 몰랐던 어머니가 대형 사고를 냈는데 수습은 고사하고 당장에 가족 모두가 거리로 나앉게 된 상황이었다. 집안이 돗대가 날아가고 삿대가 부러진 처량한 꼴이 되었다. 아무리 험난한 난파선이라도 그 지경으로 암담할까 싶었다. 집을 잃었으니 갈 곳이 없고 남편 볼 면목이 없으니 하소연할 상대도 없어진 것이다. 나를 붙잡고 어쩌면 좋겠느냐고 애원했다. 어머니 일생에 그렇게 암담한 일은 처음이었을 것이다. 나 역시 생각할 경황도 없고, 아무것도 떠오르지 않았다. 그날 어머니는 나와 밤을 꼬박 세웠다. 아침에 어머니를 설득해서 아버지를 만나라고 부탁하면서 어머니는 당사자라 마땅한 고통을 당하지만 아버지의 마음은 어떻겠느냐고 어머니를 달랬다. 아버지가 하라는 대로 하면 된다고 다른 생각은 하지 말라고 권면했다.

아버지는 어머니가 세상을 너무 몰라서 일어난 사고라고 체념하고 말았다. 그러고는 당신 두 분이 거처할 방 한 칸을 빌려 놓고 어머니를 찾아다녔다. 어머니가 돌아오자 곧 짐을 옮겼다. 아버지는 본래 집 없이 시작한 살림인데 다시 시작하면 된다고 어머니를 달랬다. 화를 내지도 않고 실망하는 내색도 보이지 않았다. 어머니도 아버지를 따라서 새 힘을 얻기 시작했다. 사실 소유했던 집이 없어진 것 외에 아무것도 달라진 것은 없었다.

어머니는 부채 청산을 깨끗하게 했다. 단 한 명에게도 사체를 쓰지 않았다. 은행도 어머니가 대출을 받아서 부채가 된 것이 아니었다. 자식들에게 빚을 지는 것을 죽는 일처럼 무서워 하라고 가르쳤던 어머니가 정말 죽을 고비를 넘겼다.

가난한 사역자였던 나는 별로 도움이 되지 못했다. 부모님은 워낙 생활력이 강했다. 금방 툴툴 털어 버리고 새 기분으로 살아갔다. 그런 일을 덕으로 이겨나가는 우리 아버지가 그렇게 존경스러울 수가 없었다. 아내가 집을 날렸는데 아무 말도 않고 넘어갈 남자는 우리 아버지밖에 없을 것이다. 나라도 그렇게는 못했을 것 같았다. 그 난리에 내가 어머니께 아버지를 믿고 의지해야 길이 있다고 권해 드린 것은 잔인한 타성 같아서 죄송했다. 그런 것을 어머니가 고맙게 받아들인 것이 더욱 가슴이 아팠다. 자식이 아버지를 그렇게 신뢰하고 산다는 것이 대견하게 느껴졌던 것 같다.

어머니는 아버지께 진 빚은 아버지의 선심으로 청산이 되었다. 그러나 또 한 가지 갚아야 할 빚이 있었다. 그것은 나하고 어머니 사이에 생긴 빚이었다. 어머니가 나에게 무척 좋은 일을 하고 싶어서 벌인 일이었다. 그러나 그것은 나에게 해서는 안 될 반칙이었다. 나와 결혼하기로 한 내 연인을 나로부터 끊어낸 것이다. 나에게 한마디 말도 없이 그 여성과 갈라 버렸다. 나는 전혀 모르는 사이에 일이 끝났다. 나 때문에 어머니께서 걱정을 많이 하셨고, 깊이 생각한 거룩한 용단이었을 것이다. 그렇다면 나하고 말을 못할 일이 아니었을 텐데도 혹시나 일어날지도 모를 가정의 상처나 타격을 홀로 책임을 진 것 같다.

그 처녀는 본래 어머니가 소개해 준 어머니 친구의 딸이었다. 두 어머니 사이에서 의논이 되어 교제를 했고, 일찍부터 딴 생각을 못하게 하느라고 어린 나이에 친구가 되어 7년간 교제하며 서로 마음을 나누고 지냈다. 그런데 내가 신학교를 졸업한 후부터 어머니의 마음에 동요가 일어났다. 그것은 어머니여서 하는 좋은 걱정이었다. 어머니가 아니면 아무도 할 수 없는 매우 까다로운 일이었다. 잘못하면 평지풍

파가 일어날 일이었다. 나는 그때 교제해 오던 여자 친구와 결혼을 꿈꾸고 있을 때였다. 양가에서 아무도 달리 생각하지 않았다. 그런데 어머니의 마음이 바뀐 것이었다. 다른 이유가 아니라 아들이 목사가 된다는 이유 때문이었다.

어머니는 목사의 배우자는 달라야 한다고 생각했다. 그 처녀는 아무것도 나무랄 것이 없었다. 그러나 목사의 배우자가 되기에는 적임자는 아닌 듯했다. 원래 아들이 목사가 된다는 생각을 하지 않았을 때였다. 그런데 도중에 목사의 길로 가게 되었고, 그 여성이 목사의 아내가 되기에는 어울리지 않았다. 목사는 아내가 목회의 절반을 감당해야 한다. 목회의 성패는 부인에게 달렸다고 어머니는 확신했다. 그 여성은 모든 면에서 좋은 신부감이었다. 그런데 목사 내조자가 되기에는 몇 가지 문제가 있었다. 첫째 신앙의 연륜이 짧았다. 둘째 고생을 짊어지고 나갈 저력이 약해 보였다. 결혼 상대로는 전혀 손색이 없었으나 목사 아내가 되기에, 그리고 그런 면면에 어머니 판단이 틀리지 않았다.

생각한 것은 누구와 의논하면 금방 말썽이 생긴다. 내가 알아도 문제가 생겼을 것이다. 어머니는 혼자 해결하려고 총대를 맺다. 어느 날 그녀를 찾아갔고 단둘이 만나서 결론을 냈다. 어머니가 일하는 스타일이었다. 어머니가 당사자를 만나 전한 말은 이랬다.

너를 내 며느리 삼으려고 처음부터 지금까지 한결같이 마음에 두었었단다. 너도 알고 있지? 내가 너를 친딸처럼 사랑하는 것도 알지?
그런데 내가 생각을 바꿨다. 너도 생각을 바꿔야할 거 같다. 너, 내 아들 그 녀석과 결혼하지 마라. 네가 그 녀석과 결혼하면 내가 힘들어서 못 산다. 너처럼 고운 아이가 목사 부인이 되면 네 인생은 끝난다. 고생이 말도 못할 거다. 밥도 겨우 먹게 될지 몰라. 그게 목사의 길이야. 그런데 내가 어떻게 내 아들과 결혼을 하라고 하겠니.

전에는 신학교 졸업해도 목사가 되려고 하지 않았는데 최근에 마음이 바뀌었나 보더라. 그러니 오래 생각하면 괴로움만 더하다. 방법은 하나야. 네가 먼저 시집을 가라.

그 말에 놀란 그녀가 우리 어머니의 설득에 포로가 되었다. 그녀의 집에서 무슨 일이 생겼느냐고 물을 것이고, 어머니는 그런 것까지 상세하게 지도해 주었다. 절대로 변심이 아니라고 안심시키도록 만반의 예방을 했다. 그러고나서 겁을 주기를, 나와 결혼하면 당장 생활에 타격이 생긴다고 했다. 그녀의 어머니에게도 당신 딸이 크게 손해라고 말했다. 아들이 목사가 되면 가난하게 살아야 되는 것이 기정 사실이었다. 어머니는 두 집안이 모두 편하게 하자고 한 일이었다. 친구 딸을 그렇게 하면 안 될 것 같아서 미리 일러준 것이라고 했다. 어머니를 많이 신뢰했던 딸의 어머니는 고맙게 생각하는 것 같았다. 일단 성공한 것 같았지만 당사자 두 사람을 갈라 놓는 일이 남았다.

어머니는 불가피한 나뉨이라고 체념시켜야 당사자들이 상처를 받지 않는다며 딸의 어머니에게 딸을 먼저 시집보내면 된다고 설득했다. 그 후에 아들을 결혼 시키면 된다고 했다. 일사천리로 일은 진행되었다. 어머니의 말대로 서둘러서 그녀의 결혼이 주선되더니 성사가 되었다. 어머니가 당신의 딸은 목사 부인으로 자격이 없다고 했더라면 두 집안 사이가 어떻게 되었을지 모를 일이다.

어머니는 내가 그런 사실을 모두 모르게 했다. 내가 아무 것도 모르는 사이에 수년간 교제해 온 그녀는 나 몰래 결혼을 했다. 어머니의 작전은 대성공이었다. 그러나 내 의사는 물어보지 않고 내 인연이 되었을지도 모를 사람을 남의 집으로 보내버린 것이다.

어머니는 나에게 그 빚이 있었다. 아주 큰 빚이었다. 어머니는 그 빚도 갚을 각오가 되었을 것이다. 평생 후회 없는 선택을 말이다. 그 후에 나에게도 결혼 특명이 내려왔다. 내가 농촌 교회를 시무하게 되었을 때다. 독신 전도사는 교회가 대우하기 어렵다며 거부를 했다. 시무하려면 결혼부터 한 후에 결정하도록 하자고 했다. 나는 순종할 맘이 안 들었다. 이미 전도사로 시무 결정을 한 뒤에 그런 통보를 하는 것은 번복이었다. 사전에 그런 단서를 달았다면 다른 문제였다. 그렇다고 그 교회의 잘못도 아니었다. 50년 역사에 총각 전도사를 본 적이 없었기 때문이다. 결국 일 년 내에 결혼을 하기로 서로 양보했다. 그리고 만일 일 년 내에 약속을 못 지키면 물러나기로 합의했다. 당회장은 어렵게 결정한 임지를 놓치지 말라며 결혼을 엄명했다. 누구보다 어머니가 급하게 된 건 확실했다. 나도 마음이 급한 것은 어머니 못지 않았다. 그 해는 선을 보는 일로 시간이 바빴다.

한 친구가 소개한 자리가 있어 어머니께 말씀을 드렸다. 어머니는 잠자코 듣고 계셨다. 그랬는데 내가 모르게 그 규수가 사는 곳으로 달려가셨다. 그 집을 정확하게 찾았고 그 집에 들어가서 길손을 가장하여 선을 보고 왔다. 다녀온 다음 날 나에게 실토를 했다. 소문나게 다녀오면 좋겠지만 만일 하기 싫으면 입장만 곤란해진다는 설명을 곁들였다. 그래서 살며시 다녀왔노라고 했다. 어머니가 보시기에 좋았다면 나는 언제라도 반대하지 않을 생각이었다. 어머니는 통보하기를, 여러 번 왕래할 것이 아니라 온 가족이 함께 봐서 결정하자고 했다. 소개자인 내 친구와 양측이 함께 만나기로 했다. 우리 쪽은 어머니와 나, 그 쪽은 온 식구가 만나게 되었다. 그 집에서 보기로 했기 때문이다. 정한 날에 나는 어머니와 둘이 그 집으로 갔다. 온 식구가 다 모여 있었다. 만나서 인사를 나누고 묻고 싶은 것을 서로 소통했다. 웬만큼 대화를 나눈 후 나의 어머니가 결정적인 제안을 했다. 한 번 더 만나자면 여기서 날을 정하고 더 만나지 않아도 된다면 일을 추진하자고 했다. 오래 끌고 왔다 갔다 할 것이 뭐냐며 통 크게 나갔다. 우리는 좋은데 그 쪽에서 싫으면 여기서 그만 끝내도 된다고 배포 있게 나갔다. 그 집의 어머니가, 시어머니를 보니 딸을 주고 싶다고 승낙을 했다. 모든 것이 어머니의 각본대로 척척 진행 되었다.

"그럼 택일을 여기서 할까요, 아니면 집에 가서 생각해 볼까요?"

어머니가 결론을 던졌다. 기왕 만난 자리에서 날을 정하자며 해 넘기기 전 12월 8일이면 좋겠다고 제안했다. 더 미루면 성탄절과 연말이라 부담이지 않겠냐며 모두의 합의를 끌어냈다. 내 오랜 연인을 물리고 어머니 마음에 드는 규수를 내 아내로 맺어 줌으로써 아들에게 빚진 그 부채도 넉넉하게 정리하신 우리 어머니 멋지다!

그렇게 맺어준 덕분에 지금 내 아내는 세상 어디에도 없는 목사의 아내다. 내가 60년 목회를 하는 동안 아내는 단 한 번도 짐이 된 적이 없이 오히려 힘이 되어 주었다. 가는 교회마다 나보다 아내가 더 많은 사랑을 받은 것을 교인들이 더 잘 알고 있다. 지금은 내가 운전을 못해서 운전 기사이기도 하고 비서이기도 하다. 그리고 사감 선생같이 살펴준다. 심지어 설교 검열자 역할도 해 준다. 24시간 눈의 역할도 하는 안내자이다. 월급 한 푼 없이 아무 것도 따지는 것 없는 무임이다.

※ 어머니 마음에 드는 규수를 내 아내로 맺어 줌으로써
  아들에게 빚진 그 부채도 넉넉하게 정리하신 우리 어머니 멋지다!

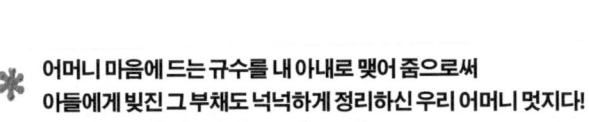

PART 02

눈을 들어 산을 보다

좋은 결과가 있을 때마다 어머니의 기도 때문이라는 것을 깨달았다

· · · ·

다행히 나는 교인 복이 많았다. 목회에 힘들 일이 좀처럼 일어나지 않았다. 내가 교회를 사면한 적은 있으나 교인이 나를 거부한 적은 없었다. 목회가 조금씩 안정을 찾아가면서 어머니 생각이 자주 반복 되었다. 내가 노력한 것보다 좋은 결과가 있을 때마다 어머니가 오늘 같은 날을 위해 기도하신 것을 깨달았다. 조금만 더 살아계셨더라면 이런 소식을 얼마나 기뻐하셨을까 싶었다.

나는 미국, 어머니는 천국

오늘을 위한 그 옛날의 기도

나의 미국 이민은 내 목회의 전반을 결산하는 데에 의미가 있다. 미국 이민 목회는 중반기 목회 또는 전성기 목회인 셈이었다. 생선의 가운데 토막 같은 성숙기에 이뤄진 일이었다. 40대 중반의 나이였다. 체력도 정신력도 목회 경력도 모든 것이 가장 좋은 때였다.

40대 중반에서 50대 중반까지는 오르막으로 달렸던 시기였다. 그 시기가 가장 활발하고 목회에 있어 전성기를 장식한 때 아니었나 싶다. 그렇게 다진 단단한 기반을 딛고 60대 중반까지 영육간의 호황을 누리다가 체력의 한계에 이르렀다. 일시 시력을 잃고 천천히 하강이 시작 되어 70에 정년을 맞았다. 남은 여력으로 미국 목회를 연장하여 오늘까지 하향 곡선을 그리고 있다.

나는 불혹의 중반 나이에 대학생인 아들, 고등학생인 딸, 중학생인 막내, 삼 남매를 데리고 미국에 왔다. 그리고 아이들이 모두 대학을 마치고 각기 진학, 취업 등을 자기 취향대로 하게 맡겨 놓은 후 우리 부부만 한국에 다시 나갔다. 친구들은 내가 치밀하게 계획하여 목적을 달성한 후 컴백홈한 것처럼 금의환향한 거라며 과찬했다. 그러나 그건 사실과 다르다. 그리고 오해라도 상관 않다. 열심히 달려갔고, 그렇게 된 것 뿐이다. 만일 내가 계획을 해서 그리 되었다면 나는 대단한 능력자다.

미국은 내가 오고 싶어서 오게 되었고 살게 되어서 살았다. 한국으로 다시 오라고 불러줘서 가게 되었을 뿐, 다시 가려는 생각조차 한 적이 없다. 그럴 계획도 해본 적이 없었다. 나는 평생 목표라든가 목적을 정해 놓고 목회를 하지 않았다. 60년 목회 중에 단 한 번도 한 해 목표라는 것을 연초에 세운 적이 없었다. 목표는 주인이 정하는 법이다. 종은 절대로 그렇게 할 자격이 없으며 능력도 없다. 목회는 주인의 방침을 따르면 되는 것이다. 나는 정해진 방침에 따라 한국에 갔을 뿐이다. 한국에서는 한국식 목회를 했다. 그 목회를 나는 나의 종반 목회라고 생각한다. 그 종반을 교우들의 사랑으로 보장 받았다는 것이 내 목회의 전부였다. 그 다음은 자유라고 말하고 싶다.

미국에 다시 건너온 것 역시 누구의 권유가 있었던 것이 아니다. 누구의 초청도 아니었다. 인생 중반에 내 발로 내딛어 본 대모험이었다. 아브라함은 갈대아 우르를 떠날 때 모험을 했다. 무엇을 알고 떠난 것이 아니었다. 우리는 아브라함의 후손이다. 그 약속의 유전자가 우리의 정신이며 체질이다. 나는 한국을 떠나야 할 이유가 없었다. 미국에서 부르는 사람도 없었다. 그러나 모험심이 위로부터, 밖으로부터 내 마음 속 깊은 곳으로 밀려 들어왔고, 내가 항거하치 못했을 뿐이다.

나의 어머니는 미국을 모르는 분이었다. 그런데 내가 미국에 간다는 것을 조금도 걱정하거나 반대한 적이 없다. 당연히 가야 될 곳에 간다고 생각했다. 그래서 헤어질 때 격려를 할 정도로 확실한 기대와 희망에 차 있었다. 나는 미국에 가려고 비자를 신청했다가 두 번을 거절 당했다. 그런 경우 세 번째 비자를 주는 일은 거의 없다. 그럼에도 나는 세 번째 비자 신청을 했다. 전과 별로 다르지 않은 양식으로 신청을 했는데 비자는 허락되었다. 미국에 가서 체류할 만한 아무 준비도 하지 않았었다. 그러나 어떤 편법으로라도 그런 길만 있으면 안착하고 싶은 마음은 간절했다.

미국은, 아주 간다고 송별회를 할 수도 없다. 그리고 잠시 갔다가 돌아오겠다는 약속도 할 수 없는 나라다. 돌아오겠다고 했다가 돌아오지 않으면 거짓말을 한 셈이다. 돌아오지 않겠다고 한다면 교회를 사면하고 떠나야 한다. 그러려면 가족의 생활 대책을 마련해 놓고 가야 했다. 고민 끝에 나는 교회를 속이지 않는 방법으로 두 달간 휴가를 받았다. 두 달 안으로 돌아오면 별일이 없는 것이고, 돌아올 수 없으면 자동 사임이 되는 조건을 약속하고 미국으로 건너갔다. 아무 약속도 없이 편하게 두 달 안에 내 거취를 결정하게 되면 문제 될 것이 없었다. 그러나 짧은 두 달 안에 될 일이란 없다.

다행히 나를 일시 머물게 해준 교우가 한 분 있었다. 내가 미국에 머물 가능성이 보이지 않아서 한국으로 돌아가려고 할 때 나에게 용기를 불어넣어 주면서 한국으로 돌아가지 말라고 간곡하게 붙들어 준 분이다. 그는 자기 집 지하실이 비어 있으니 마음대로 쓰라며 교회를 시작하라고 길을 이끌어 주었다. 그런 뜻은 사전에 의논한 적이 없었다. 잠시 머물면서 사귄 좋은 분이 나의 가능성을 발견한 것이다.

여러 사람이 모여 결정한 것이 아니었다. 단 둘이서 의논한 것을 한 가지씩 진행해 갔다. 처음은 장소를 찾는 일이었다. 미국 교회를 빌리는 것이 가장 쉽고 안전한 길이었다. 미국인 예배가 끝난 후에 쓰겠다면 별 문제가 없을 것 같았다. 그렇게 해서 처음 찾아간 교회에서 만나자는 회신을 받았다. 집을 내준 교우와 둘이서 찾아간 날은 그 교회의 당회가 있던 날이었다. 그 당회 앞에서 교회 사용 계약을 했다. 한 달 사용료를 결정할 단계에서 잠시 멈추어지게 되었다.

나는 작게라도 사용료를 지불하겠다고 했다. 그러자 교회측에서 아직 교인이 한 명도 없이 시작하는데 어떻게 세를 받겠느냐며 차츰 교인들이 모이거든 그 때 결정하자고 배려했다. 시작은 그냥 해도 된다고, 교회는 사업이 아니라고 했다.

나는 미국이 좋아서 온 것이었다. 해방이 되던 날부터였다. 꿈에도 본 적이 없는 미국 군인들이 여기 저기 차를 몰고다녔다. 본 적이 없는 장난감같은 차였다. 지프라는 조그만 차가 성능이 괴물같이 날렵했다. 그런 신기한 차가 하천 뚝을 마구 넘나드는 묘기는 아이들을 기절시킬 만큼 인기가 있었다. 제방의 경사가 마치 산과 같이 가파른데도 마음대로 날아다니듯 빨랐다. 그럴 때마다 요란한 굉음이 온 마을을 뒤

덮었다.

 미국 병사들은 아이들과 놀기를 좋아했다. 그들이 나타나는 날은 큰 축제가 연출 되었다. 심심찮게 먹을 것도 아끼지 않고 마구 뿌려줬다. 그런 부자 나라 사람들을 동경하지 않을 수가 없었다.

 교회에 가면 미국 선교사가 와서 온갖 좋은 노래며 놀이를 가르쳐 주었다. 그렇게 우정을 쌓았다. 학교에 가면 영어를 배웠고 유명 인사들은 모두 미국에서 공부한 사람들 뿐이었다. 철이 나면서 사회 전반의 문화 중 인기 있는 것은 거의가 미국 것이었다.
 좋은 물건의 대명사가 메이드 인 유에스에이라는 걸 모르는 사람은 없었다. 갖난 아이가 뱃속에서 메이드 인 유에스에이를 배워서 나온다는 말도 유행을 했다. 그 때부터 미국은 동경의 나라, 이상적 사회의 환상이었다.

 그런 영향으로 미국에 발을 댄 것이 아니라고 하기는 어려웠다. 멀리서 상상으로 그려보던 미국을 가까이서 보니 더욱 매력이 넘쳤다. 교회를 그냥 사용하라는 나라에 온 내가 대견스러울 뿐 아니라 선견지명이 아닌가 했다. 출발선에서 좋은 것을 보니 이 길이 바로 가는 길 같았다. 나에게 그토록 고맙게 해주는 그분이 우연히 만난 사이가 아니라는 생각이 들기도 했다. 나는 미국에 가고 싶다고 기도한 적이 없었다. 감히 그런 기도가 입밖으로 나오지 않았다.

 미국에 대하여 아는 것이 거의 없었다. 알지도 못하는 것을 기도할 수 없었다. 어머니가 자식을 위해 간구한 조항에 미국이 들어있을 만한 비밀이 하나 있기는 했다. 우리 집에는 풀어야 할 하늘에서 온 비밀 문서가 있었다. 아무에게도 말하지 말라는 밀서는 아니었으나 말을 한다고 읽어 줄 사람도 없는 편지였다. 그 편지는 어머니가 증인이다. 나를 미국에 떠나 보낸 그 날 천국으로 가신 것이 그 상관 있음을 확실히 증거한다.

하나님은 의미 없는 일을 하실 분이 절대로 절대로 아니다. 우리는 그런 하나님을 믿는다. 그 편지의 사연을 함부로 남발할 수는 없었다. 믿어 줄 사람 몇 분에게 보여 주었으나 아무 반응이 없었다. 읽을 수 없는 문자 때문이었다.

나의 형님은 나보다 삼 년 먼저 태어났다. 첫 돌 잔칫날에 아기가 마루에서 굴러떨어지는 사고가 있었다. 아기는 머리가 크게 상하여 손을 쓸 수 없을 만큼 중태였다. 시골에서는 병원을 모르던 시대였고 민간 요법 뿐이었다. 머리에서 흐르는 피를 지혈시키느라 천으로 싸기만 했다. 생존 가능성은 기대할 수 없어서 포기한 상태였다. 할아버지는 그 손자의 이름을 정옥이라고 지었다. 막내 아들이 낳은 첫 손자라고 애정이 특별했다. 이름도 직접 집안 항렬인 정자에 구슬 옥자를 달아 주었다. 유난히 막내를 편애했던 할아버지의 성화때문에 돌 잔치를 크게 벌인 것이 화근이 된 참상이었다.

첫 돌에 아이가 죽게 되었으니 집안이 우울했다. 이튿날 아침에 아이가 죽지 않았다는 것을 확인 했다. 시골에는 살릴 희망이 없다며 도시로 나가보라고 할아버지는 떠밀어 보냈다. 그렇게 대구로 나온 것이 분가를 하게 된 계기가 되었다. 아이는 살았다. 이마에 흉터는 커다랗게 남았다. 그 상처가 아물고 정상아로 재생 되는 기간이 삼 년이 걸렸다. 그 때 내가 태어났다. 형과 나는 같이 자라서 초등학교를 동시에 입학하였고, 같이 졸업을 했다. 천성이 착해서 평생 나쁜 짓을 하지 않았고 거짓말도 한 적이 없다.

형은 건강에 아무 이상이 없어서 군대에 가서 3년을 복무한 후 제대했다. 6.25전쟁 때에도 참전하였다. 신앙은 나보다 훨씬 철저했으며 남을 사랑하는 실천력이 뛰어났다. 교회에 충성은 아무도 따를 수가 없는 모범 성도였다. 나는 그런 형과 친구로 어린 시절부터 신앙을 키우면서 자랐다. 그런 형이 하는 일은 한 가지도 진실하지 않은 것이 없었다. 그런 형이 나에게 전해준 편지가 있다. 그 사연을 알고 있는 사람은 어머니 한 분 뿐이었다.

나의 형수는 그 편지를 못 보고 먼저 천국에 갔다. 형수가 떠난지 일 년만에 형도 떠났다. 그 일 년 사이에 형은 기도 생활에만 전념했다. 자기가 폐암인 줄도 모르고 감기약만 보건소에서 가져다 먹으면서 지방에서 공장을 운영했다. 형의 건강이 심상치 않아 도시에 큰 병원으로 가서 진찰받게 했더니 이미 말기였다. 그 만큼 일하고 기도하면서 교회를 섬겼고 아이 남매를 돌봤다. 형수가 죽고나서부터 어머니가 형수 대신 가사를 돌보고 있을 때의 일이다.

그 시기가 형의 신앙이 아주 성숙했던 40대였다. 어느 날 밤에 깊은 기도를 하던 중 편지를 받아 쓰게 되었다. 두 장에 걸쳐 쓴 편지는 내용을 알 수 없는 문자로 쓰여 있었다. 형이 기도 중에 직접 받아 쓴 것은 틀림이 없었다.

  그러나 형은 쓰기만 했을 뿐 내용은 잘 몰랐다. 내가 보기에 영문 필기체와 흡사했다. 그런데 나는 아직도 그렇게 정교하고 세련되게 쓴 글씨는 본 적이 없다. 한 장은 글씨만 있고 다른 한 장은 글씨 외에 문양도 그려져 있었다. 맨 끝에는 여백이 있었으나 발신은 아무 표시가 되어 있지 않았다.

  그 편지를 들고온 형은 그 편지가 자기 것이 아니고 나에게 전하라고 하는 소리를 들었다고 했다. 형은 그 편지를 어머니에게 보여 주면서 동생에게 전해주라고 했다. 그러나 어머니는 모르는 일로 할 터이니 받아쓴 사람이 직접 주라고 해서 형이 직접 들고 찾아온 거였다. 형은 그렇게 먼 길을 달려와 나에게 편지를 주고 돌아갔다. 나는 그 편지를 들고 영성가로 이름난 사람들을 찾아 여러 곳으로 다녔다. 그러나 아무도 판독을 하지 못 했다.

  그 중 한 분이 더는 헛수고하지 말고 기다리면서 답을 찾으라고 했다. 그렇게 시간이 지났고 나는 미국에 왔다. 어머니의 판단은 그 글씨가 한국 말이 아닌 이상 한국에서는 답이 없다고 판단했던 것 같다. 그리고 나를 미국으로 보낸 그 날 당신께서는 하늘로 올라가셨다. 그 편지는 내가 풀어야 할 숙제다.

  아들이 미국에 가지만 아무 연고가 없다는 사실을 알고 있는 어머니가 얼마나 간절하게 하늘에 계신 당신의 아버지께 기도했을지 말하지 않아도 나는 안다. 과거에 어머니는 피난민을 많이 돌봐 주었었다. 미국에 와서 알았다. 나를 거둬 주는 분이 많은 것이 어머니 덕때문이었다는 것을.

사람은 사람과 살도록 창조 되었다. 어디를 가나 사람은 있다. 그 사람이 누군가 그것이 인생을 사는 의미다. 나에게 그 누구는 어머니였다. 그 다음에 그 누구는 어머니와 상관이 있는 사람이었다. 그리고 나를 도와주는 분들은 다 이유가 있었다. 직접이 아니라도 그 누구는 어머니의 사람일 수 있었다. 어머니가 나를 미국으로 떠밀어 보낸 후 하늘에서 그 누구를 파송했는지도 모른다.

놀랍게도 그 부부가 내가 시작하는 교회에 와서 예배를 드리겠다고 자원했다. 그분은 다니던 교회가 있었는데 그 교회 목사에게 그런 사정을 말하고 양해를 구했다. 그 목사도 그러라고 했다. 그러면서 한 가지 단서를 달았다. 그 부부 외에 다른 가족들은 안 된다고 했다. 나는 그러겠다고 약속을 했다. 그런데 나는 그 약속을 지키지 못했다. 그분의 가족들이 모두 왔기 때문이다.

나의 후견자로 나를 도운 그분은 형제가 많은 집 장남이었다. 전 가족이 성인만 열네 명이었다. 그분이 미국에 일찍 먼저 들어와서 전 가족을 한 명도 빠짐 없이 초청했다. 사람이 정직하고 근면하고 매사에 성실했다. 그래서 많은 식구들을 안전하게 통솔했다. 부모님도 계셨다. 옛날 어른이라 매사에 방식의 차이로 대립이 생겼다. 큰 아들은 합리적이고 아버지는 권위적이었다. 그런 차이가 아버지께는 불효로 쌓인다. 자기 방식은 아버지를 불편하게 한다는 것이다. 아버지와의 잦은 마찰로 관계가 서먹했다. 나는 그런 사정을 듣고 아들의 마음을 돌려주고 싶었다.

　나는 그에게 아버지를 서운하게 하면 아무리 일을 잘 해도 효과가 나기 어렵다고 말했다. 일은 일대로 하고 마음은 불편하게 되니 엄청난 손해라고 전했다. 내 말을 들은 그가 선뜻 어떻게 하면 좋겠느냐고 지도를 요청했다.
　나는 장시간 부모에 대한 강의를 했다. 부모는 잘하고 못하는 것으로 상대하는 것이 아니다. 그런 사례를 여러 가지 경험을 들어 설명했다. 그는 그 자리에서 자기를 좀 도와 달라면서 당장 부모님께 함께 가자고 했다. 나는 그와 부모님을 만나러 갔다. 그 가문은 장남의 위치가 너무 확고했다. 그 많은 동생들과 식구들이 장남의 의견을 따라 가문을 일으켜 놓았다. 그런 중에 아버지는 역할이 별로 없었다.

　아들은 나를 믿고 아버지 집을 오랜만에 방문한 것이었다. 아들은 큰 작심을 하고 아버지 앞에 무릎을 꿇었다. 마음씨가 착한 아들에게 내가 불효는 안 된다고 강조한 것이 효험을 발휘한 것 같았다. 아버지는 크게 놀라워 했다. 평소 보던 아들이 아니어서 당황하는 기색이었다. 어색한 표정으로 왜 이러느냐고 아들에게 바로 앉으라고 했다. 그러자 아들이 울먹이며 자기가 잘못한 것을 용서해 달라고 했다. 아버지는 뭘 잘못했느냐고 반문했다. 아들은 모든 것이 잘못한 것이라고 했고 아버지는 도대체 누가 너를 이렇게 만들었느냐고 물었다. 그이는 곁에 있는 나를 가리키면서 한국에서 오신 목사님인데 이분이 나의 불효를 깨우쳐 주더라며 눈물로 고백했다.

그날 부모님과 아들 내외는 많은 눈물을 쏟았다. 그날부터 가정이 밝아지고 나는 별로 한 일도 없이 크게 부각 되었다. 부친의 명령으로 며칠 후에 가족 회의가 있었다. 모든 식구들을 형과 같은 교회에 나가라는 명령이었다. 한꺼번에 열네 명의 장년이 이동해 왔다. 가족 구성원이 다양하여 교회 전반에 활기가 되었다. 개척교회가 기성교회 같이 안정이 되고 있었다. 나는 이민 교회에 대한 준비가 미흡했다. 그러나 한인 교회는 어디나 다르지 않았다.

같은 시기에 개척을 한 교회가 몇 군데 있었다. 목사 세대가 비슷하였고 환경도 비슷했다. 발전 속도 역시 비슷하게 서로 보조를 같이 하면서 사역에 이바지했다. 몇 달이 지나자 발전의 속도에 차이가 나기 시작했다. 교회끼리 경쟁을 하는 것은 좋은 모습이 아니다. 문제는 목사가 아니라 교인들에게 달렸다. 좋은 교인이 따로 있는 것은 아니지만 교인들의 성향은 교회 부흥과 분명한 차이가 있다.

다행히 나는 교인 복이 많았다. 목회가 힘들 일이 좀처럼 일어나지 않았다. 내가 교회를 사면한 적은 있으나 교인이 나를 거부한 적은 없었다. 목회가 조금씩 안정을 찾아가면서 어머니 생각이 자주 반복 되었다. 내가 노력한 것보다 좋은 결과가 있을 때마다 어머니가 오늘 같은 날을 위해 기도하신 것을 깨달았다. 조금만 더 살아계셨더라면 이런 소식을 얼마나 기뻐하셨을까 싶었다.

그러나 천국은 상상도 못할 영광스러운 곳일 텐데 내가 공연한 욕심을 부리는 것 같아 스스로 민망했다. 나도 어서 어서 열심히 어머니께 부끄럽지 않는 목사가 되기까지 주님의 종으로 어머니 기도대로 죽도록 충성할 것을 다짐했다.

한편으로는 내가 어머니 걱정을 하느라 목회를 잘못할까봐 미리 천국으로 가신 어머니의 속 깊으신 고마움도 있었다. 그것이 다시 감동을 주었고 장차 만날 그날까지 힘을 다해 달려갈 것이라고 다짐하게 했다.

※ 과거에 어머니는 피난민을 많이 돌봐 주었었다.
　미국에 와서 알았다. 나를 거둬 주는 분이 많은 것이 어머니 덕때문이었다는 것을.

시간은 나의 것이 아니다

. . . .

나는 시간을 정해 놓고 무슨 일을 계획하지 않는다. 시간은 내 것이 아니기 때문이다. 일은 하되 시간은 열어 놓는 편이다. 시간에 쫓기는 것보다 더 비참한 압박은 없다.

시간에 쫓기는 것은 처음부터 설정이 잘못 되었을 가능성이 높다. 아브라함은 시간을 의식하지 않고 하나님의 약속을 기다리기만 했다. 사라는 자기 건강 지수에 시간을 맞추어서 약속을 계산하였다. 그 결과 남편의 첩을 자신이 직접 얻어 주는 실수를 자행하여 가문에 씻지 못할 과오를 남겼다. 사라의 시간 개념은 하나님의 약속을 망각하는 과오였다. 그로 인한 비극을 지금 온 인류가 지고 있다.

나에게는 시간에 쫓기는 사람은 도와주지 않는 원칙이 있다. 그것은 우리 아버지의 교훈이기도 했다. 시간에 쫓기는 사람과 동업을 하면 십중팔구 실패할 가능성이 높다. 내게 12년의 뉴욕 성과는 전혀 내 역량과 상관 없었다. 그래서 뉴욕 교회를 떠날 때도 머뭇거리지 않고 떠날 수 있었다.

눈을 들어
산을 보다

시간을 정해놓고 일을 계획하지 않는다

 나의 미국 정착을 결정적으로 도와 준 그에 대해 좀 더 이야기해야 할 것 같다. 미국이라는 나라는 법치국가의 모델같다. 불법을 절대 용납하지 않는 나라가 미국이다. 그렇기 때문에 눈을 들어 살피면 보이는 곳이 미국이다. 불법이 끝났다는 것은 아니다. 법치에서는 불법을 합법이 되게 하는 법도 얼마든지 있다. 그것이 법치국가의 매력이다. 불법 한 번으로 목숨을 빼앗는 나라도 있다. 그런 나라는 불법을 제조한다. 미국에는 불법 체류자를 보호하고 지도한다.
 내가 착한 사람을 만나 공짜로 밥을 먹고 지낸 것은 불법이었던 셈이다. 그래서 나는 적법한 돌파구를 찾기로 결심했다. 밥값을 해야겠다는 생각이 들었다. 가정에서 절대적 영향력은 그 가정의 주인보다 주부에게 있는 법. 그 집의 부인에게 도움이 될 만한 일을 찾기로 했다. 그런데 아무리 눈을 크게 뜨고 찾아 보아도 도울 만한 일이 없었다.

밥값할 방도를 찾다가 그렇게 기죽어 있을 때 그 가정에 한국에서 손님이 온다는 전갈이 왔다. 나는 그 얘기를 듣는 순간 쥐구멍을 생각했다. 그 손님은 부인의 친구였다. 다른 식객이 집에 있으면 손님이 불편할 것 같아서 나는 피신처를 찾아야 했다. 그 여자 손님은 부인의 대학 동창 중에서도 가장 절친하게 학창 시절을 보낸 사이로 대학 교수이고 모범적인 신앙인이라고 했다. 내가 내 친구네 집에 가 있겠다고 말하자 안주인은 손님이 오거든 인사를 하고 가라고 권했다. 할 수 없이 그 손님을 봐야 할 형편이 되었다. 시간이 마음을 조였다.

손님이 오던 날이었다. 내가 문 밖에서 마중할 위치는 아니고 해서 방 안에 있는데 그 마저도 불편했다. 그래서 현관에 서서 인사만 하려고 나갔다. 그런데 반가운 소동이 일어났다. 뜻밖에도 그 손님은 내가 안주인보다 훨씬 먼저 안 사람이었다. 그녀는 내가 사역자로 처음 부임했던 교회의 성도였다. 당시 나는 전도사로 첫 사역지에 부임한 거였고 그녀는 여고생이었다. 착실했던 그녀는 교회에서 많은 사랑을 받았었다.

집 주인도 어안이 벙벙한 것 같았다. 손님도 내가 거기에 있을 줄 꿈에도 모르고 방문했던 터지만 매우 반가워했다. 그녀는 자신의 미국에 사는 친구에게 나를 아주 훌륭하게 소개했다.

그 교수는 학회에 세미나 때문에 일정이 매우 바빴다. 집주인 친구는 직장 일로 바빴다. 교수가 세미나 장소까지 왕복하는 일을 차질 없이 도울 수 있는 사람은 나뿐이었다. 모두가 연합해 선을 이룬 셈이다.

교수는 대학을 졸업할 무렵 국가 시험을 치러서 사회로 진출하게 되었다. 그녀가 다닌 학교는 기독교 대학이었다. 그런데 국가 시험이 주일이었다. 시험을 포기하는 학생도 생겨났다. 그때 우리 교회 학생이었던 그녀가 고민을 안고 나를 찾아 왔었다. 그때 나는 그 학생과 마주앉아서 기도를 했다. 그리고 내가 할 일은 끝이라고 말했다.

　학생은 나에게 시험 응시 여부에 대한 결정을 듣고 싶어 했다. 내가 이미 그렇게 했다고 말하자 학생은 잠깐 생각을 하더니 벌떡 일어나서 꾸벅 절을 하고 감사하다며 인사를 하고 나갔다. 그리고 그녀는 시험을 치렀다. 이후 그녀는 승승장구하며 그 대학 학장을 지냈다.

　이래라 저래라 하는 말은 참 위험하다. 자기가 할 선택을 남에게 의존하는 것은 자신의 미숙함을 드러낸다. 나는 그 학생이 스스로 자기 선택을 당당히 하기 바랐다. 그 학생은 충분히 그럴 수 있다고 판단했다. 그래서 함구했다. 시험을 치를지 말지에 대해 왜 말해 주지 않느냐고 묻는 학생이 벌떡 일어났던 그 당당한 모습이 대견스럽고 미래가 보였다. 환하게 웃던 그 밝은 모습은 모든 것을 헤쳐나갈 사인이었다.

　눈을 들어 산을 보는 까닭은 눈을 아래로 깔고 가까운 곳에서 쉽게 방법을 찾으려는 것을 그만두라는 뜻이다. 그렇다고 눈을 아주 감으면 절망 뿐이다. 그러니 눈을 들고 먼 산에 희망을 걸고, 살피고 길을 찾으면 결국 도움의 손길은 반드시 오게 된다. 눈을 들고 산을 보라는 것은 그런 신앙적 자세를 가리킨다. 나는 살면서 그렇게 찾은 길이 많았다. 지금도 먼 산을 보면 상쾌하다. 하나님에 대한 신앙을 놓지 않는 한, 산이 어디나 있듯 희망도 있다.

손님으로 온 교수의 세미나 스케줄이 아무 차질 없이 잘 끝이 났다. 나는 집주인들에게 작게나마 빚을 갚은 것 같아서 기분이 좋았다. 사실 그런 일은 내가 의도한다고 할 수 있는 봉사가 아니다. 우연의 혜택이었던 셈이다. 가사 일은 내가 할 수 있는 것이 별로 없었고 친구를 수행해준 일이야말로 가장 적임이었다.

그 일을 계기로 그 집 안주인에게 다른 도움을 줄 일이 생겼다. 그 당시 그 집의 안주인은 운전을 하지 않고 남편이 모든 이동 때 운전을 했다. 어느 날 운전을 배우고 싶다는 말을 했다. 내가 운전 강사가 되어 주기로 했다. 운전을 배우다가 실수를 해서 남편과 다툼이 생겨 포기한 상태였다고 했다. 그녀는 결국 면허를 받게 되었다. 나는 그제서 그 집에 신세지며 받은 도움에 밥값을 조금 한 것 같은 안도감이 생겼다. 그러는 사이 교회는 날로 부흥했고 우리의 사이는 부담을 주고 받는 사이에서 많이 자유롭게 되어 가족 같은 사이로 발전했다. 그들 가족은 지금도 나의 친구, 나의 가족이다.

그러던 어느 날 집주인이 밤 늦도록 뭔가 끙끙대며 일을 하고 있었다. 내가 도와줄 일은 아닌 것 같았으나 그냥 보고 있기는 미안한 맘이 들어 무슨 일을 그렇게 열심히 하느냐고 인사차 물었다. 그는 당시 어느 선교회 총무 일을 맡고 있었다. 한국 교인들로 구성된 선교 기구였다. 매년 열리는 총회에 보고서를 만들고 있는 중이었던 것이다. 눈을 들어 산을 보는 순간이었다. 일 년 동안 수첩에 적어 놓은 기록을 가지고 보고서를 작성해 놓은 것을 보고 나는 내가 도울 수 있는 일이 생긴 것 같아 마음이 설렜다. 그 보고서는 너무 약식으로 되어 총회에 내어

놓기 미흡해 보였다.

　총회는 년간 예산을 담당하는 이사들이 모인다고 했다. 그렇다면 회비를 내는 사람들이 보고서를 보고 만족할 만한 격식이라야 될 터였다. 나는 그 한 장으로 된 보고서를 세밀하게 실적을 분류해서 격식을 맞추었다. 이사들이 회비를 낸 만큼 보람이 있도록 품위 있는 보고서로 편집해서 한 장을 여섯 장으로 보기 좋게 작성해 주었다. 주인은 기뻐했고 나는 그의 칭찬에 민망했다. 다소 기대 밖이라는 말은 듣기에 나쁘지 않았다. 그 다음 주말에 열린 총회에서는 그 동안의 형식과 달라진 보고서에 큰 호응이 일어났다. 총회에 다녀온 그날 우리의 관계는 새로운 국면을 맞았다.

　관심은 자산이 되기도 하다. 총회 후 선교회 대표가 나를 초대했다. 나를 만나자고 청하는 사람이 생겼으니 미국에 오고 처음 운신의 변화가 일어난 셈이다. 며칠 후 선교회 대표를 만나러 갔다. 기다리고 있던 사람이 실망하지 않도록 몸조심을 했고 최대한 신경을 써서 말 한 마디도 조심하고 조심했다. 대표는 내가 작성한 보고서를 꺼냈다. 이런 보고서 작성 능력을 자기들에게 빌려 달라고 했다. 나를 채용하고 싶다는 환심으로 해석이 되었다. 나는 일어서서 허리를 굽혀 감사 인사를 했다. 분위기를 살려서 점심은 미국 식당으로 안내 되었다. 마음과 마음이 통하는 순간이었다. 그들과 같은 일원으로 대우를 받는 기분이었다.

　나에게 그런 보고서 작성은 어려운 일이 아니었다. 전도사로 지낸

10년 동안 손에 익은 일이었다. 전도사는 모든 것을 기안하고 당회장에게 보고하는 것이 전문이며, 전도사는 못하는 일이 없어야 했다. 아무 결재권도 없는 전도사는 당회장 허락 아래서만 일을 한다. 그런 체질이 편할 때는 말로 다할 수 없다. 책임질 일이 별로 없기 때문이다.

그런데 나의 보고서 효과는 거기서 그치지 않았다. 점심을 먹고 나서 대표는 나에게 자기가 무엇을 도와주면 대접이 되겠느냐고 물었다. 나는 지금은 필요한 것이 없다고 대답했다. 당시에는 나 혼자뿐이니 무엇을 도와달라고 할 생각이 나지 않았다. 도움은 절실할 때 구한다. 대표는 자기가 도울 수 있는 것이 많다면서 무엇이라도 말해 보라고 독촉했다. 내가 잠자코 생각에 잠겼을 때 갑자기 내게 영주권이 있느냐고 물었다. 나는 영주권을 생각할 겨를이 없었다. 그 문제는 말로 되는 도움이 아니기 때문이다. 얼마나 어려운 일인 줄 알고 있어서 더더욱 도와달라고 할 염치가 나지 않는 일이다. 나는 이미 교회를 개척했으니 교회가 잘 되면 해결 되지 않겠느냐고 대답했다.

그런데 대표가 자신이 도울 수 있다고 나섰다. 사양하지 말라며 나를 재촉했다. 그 길로 그는 변호사 사무실에 나를 데리고 갔다. 약속도 없이 닥친 고객을 본 변호사가 놀라면서 반가워했다. 대표가 잘 알고 지내는 유태계 변호사였다. 대표는 나를 자기 교회 부목사로 고용한다는 계약을 했다.

영주권이 그렇게 쉽게 해결이 되리라고는 꿈에도 상상하지 못한 일이었다. 생각지도 않은 일이었지만 누구에게도 쉽게 발설할 기분이 아니었다. 세상에는 남이 잘 되는 것을 시샘하는 자가 안 그런 사람보다 훨씬 많다. 눈을 들어야 산이 보인다. 산이 보이면 거기에 답이 내려온다. 나의 경우와 미국의 여느 사람의 경우는 많이 다르다. 미국에 이민 온 수많은 사람들 중에 나만큼 순조롭게 목회를 한 사람은 많지 않을 것이다. 영주권을 받기도 어렵다. 나는 1979년에 한국을 떠났다. 그리고 1992년에 떠나온 한국에 다시 갔다. 이런 일은 전혀 예상도 하지 못했으며 희망한 적도 없었다. 생각하고 또 생각해서 내린 결론은 역시 어머니의 기도였다. 어머니 기도의 응답으로 해석할 수밖에 없는 사연이다.

내 영주권은 다음 달에 나왔다. 그 길로 나는 가족을 초청하여 일 년 만에 온 식구가 뉴욕에 모였다. 3남매가 각각 중학생, 고등학생, 대학생이었다. 그리고 그 아이들이 모두 대학을 마칠 때 나는 다시 한국으로 갔다.

그 길이 나의 목회 종반기가 된다. 나는 한국으로 다시 가려고 생각한 적이 없었다. 우리는 미국에서 12년만에 자체 교회를 구입했다. 그리고 그 옆집을 사서 사택까지 구비했었다. 12년 동안 죽기 살기로 무리해 얻은 결과는 아니었다. 마음을 같이하여 열심히 달렸을 뿐이다. 내 계획대로 된 일은 하나도 없었다. 나는 시간을 정해 놓고 무슨 일을 계획하지 않는다. 시간은 내 것이 아니기 때문이다. 일은 하되 시간은 열어 놓는 편이다. 시간에 쫓기는 것보다 더 비참한 압박은 없다.

시간에 쫓기는 것은 처음부터 설정이 잘못 되었을 가능성이 높다.

아브라함은 시간을 의식하지 않고 하나님의 약속을 기다리기만 했다. 사라는 자기 건강 지수에 시간을 맞추어서 약속을 계산하였다. 그 결과 남편의 첩을 자신이 직접 얻어 주는 실수를 자행하여 가문에 씻지 못할 과오를 남겼다. 사라의 시간 개념은 하나님의 약속을 망각하는 과오였다. 그로 인한 비극을 지금 온 인류가 지고 있다.

나에게는 시간에 쫓기는 사람은 도와주지 않는 원칙이 있다. 그것은 우리 아버지의 교훈이기도 했다. 시간에 쫓기는 사람과 동업을 하면 십중팔구 실패할 가능성이 높다. 내게 12년의 뉴욕 성과는 전혀 내 역량과 상관 없었다. 그래서 뉴욕 교회를 떠날 때도 머뭇거리지 않고 떠날 수 있었다.

나는 미국에서 더 이룰 것이 없었다. 무엇보다 자식들이 모두 대학을 마쳤고 교회도 아무 걱정이 없었다. 미국은 매우 살기 편한 나라였다. 막내는 중1, 언니는 고1, 오빠는 대1. 세 아이가 모두 1학년에서 시작했다. 그렇게 미국 생활을 시작하여 순조롭게 졸업을 했다. 아들은 대학원에 들어갔고, 둘째는 일본 동경으로 패션 수업과 일본어를 배우러 갔다. 막내는 줄리아드 대학원에 올라갔다. 내가 미국을 떠나면 나는 새롭게 목회를 시작해야 했다. 어머니는 내게 한국은 날려야 날 수 없는 곳이니 미국에 가거든 날개를 쭉 펴고 힘껏 한번 날아 보라고 하셨었다. 무슨 뜻인지 자세한 설명은 없었으나 알아 두어야 할 뜻 깊은 암시 같았다. 제발 기죽지 말고 힘껏 실력을 발휘하라는 뜻인 것 같았다.

어쨌든 내가 S교회로 간 것은 많은 사람들에게 의문을 제기할 빌미를 던진 것은 틀림 없었다. 모두가 의외라는 생각을 할 수 있는 일이었다. 아니면 두고봐라 했을지도 모른다. 그렇게 미심쩍게 나를 과소 평가한 덕분에 긴장을 놓지 않고 목회를 마칠 수 있었다. 남들이 잘 봐 준다고 일이 잘 되고 남들이 질투하고 시기한다고 화를 낼 필요는 없다. 그런 것은 일종의 조력같은 효과가 있어서 보란듯이 잘하고 싶은 의욕이 생기는 동기를 부여하는 고마운 일이 되는 경우가 허다하다.

그런데 그 시기에 단 한 사람, 우리 교단 총회장이셨던 Y목사는 달랐다. 그분은 '네가 언젠가 한번은 깜짝 놀라게 할 것이다'라고 예단을 해 놓았었다. 내가 S교회로 가게 된 것은 거기에 해당하는 사건으로 봐도 과히 틀리지 않는 이변인 것은 틀림 없었다.

한 번은 어떤 후배 목사가 S교회로 나를 찾아 왔다. 그는 어떻게 내가 S교회에 오게 되었느냐고 으아해 하며 물었다. 나는 별로 해줄 말이 없었다. 그래서 모르겠다고 대답했고 그 후배는 나에게 운이 좋은 것 같다고 했다. 나는 그 후배가 불쌍하다는 생각이 들었다. 운이 좋다는 말은 나를 어렵게 청빙한 위원들과 그 교회 교인들을 완전히 무시하는 막말 같았다. 목사가 되어 남이 잘 되는 것을 그 사람의 힘이 아니라 운으로 취급하다니 한심하고 가여웠다.

내가 한국에 있었더라면 S교회에 갈 확률은 없었다. 뉴욕 목회 12년만에 변신한 나는 확실히 날개가 있었다. 어머니는 하늘로부터 받은 그 편지 두 장을 양 날개로 생각했을지 모른다. 그렇지 않다면 그럴 만한 때가 된 것일 게다. 나는 어머니의 날개 비유 격려 덕분에 아직도 날고 있는지 모른다. 노인이 된 지금도 강단을 맡겨 주면서 단 한 주일도 쉬지 못하게 하는 힘은 날개가 아니면 감당하기 어렵다. 날듯이 가고 오기를 10년을 하루 같이 하고 있으니 날개 맞지 않나 싶다.

✱ 눈을 아주 감으면 절망 뿐이다.
눈을 들고 먼 산에 희망을 걸고, 살피고 길을 찾으면 결국 도움의 손길은 반드시 오게 된다.
하나님에 대한 신앙을 놓지 않는 한, 산이 어디나 있듯 희망도 있다.

장로님들이 나를 알게 된 것은 불과 한 시간 전이었다

· · · ·

목사 청빙이 용건이었다. 다섯 명의 장로들은 S교회의 담임목사 청빙위원들이었다. 찾아온 사람들의 신분과 용건을 듣고나니 순간 온 몸이 후들거리고 중심이 흔들렸다. 그들은 내가 몸둘 바를 모를 지경으로 친절했고 예우를 다했다. 그들 중에 나를 아는 사람은 없었다.

순간 그렇다면 나하고 만날 이유가 없을 것 같았다. 나에게 그분들을 만날 명분이 없다는 생각이 들자 혹시 나를 자기들 교회에 목사로 청빙할 어떤 분으로 잘못 알고 온 것이 아닌가 싶었다. 비슷한 사람과 혼선이 생겼을 가능성이 매우 농후해 보였다.

장로님들은 아주 진지하고 정중했다. 나를 담임목사로 청빙하고 싶다는 이유부터 이야기했다. 사람을 잘못 알고 왔을 정도로 보기에는 다섯 분이 너무 세련 되게 보여서 죄송함이 밀려왔다. 놀랍게도 나를 알게 된 것은 불과 한 시간 전이었다. 그 사실을 알게 된 순간 나는 더욱 오류라는 것을 확신했다.

다시 조국으로

시력을 잃다

1979년에 한국을 떠나 미국으로 갔다가, 1992년에 미국을 떠나 한국으로 다시 돌아가게 되었다. 구상을 한 적은 없었고 그럴 상황도 아니었다. 이민 교회가 그 정도로 자리를 잡게 되면 다른 생각을 하지 않는 것이 일반적이다. 솔직히 말하면 목사가 욕심이나 야심을 가지고 있으면 아무 일도 할 수가 없다. 모든 것을 하나님께 맡기고 하루 하루 성실하게 살다 보면 미래가 자연스럽게 가꾸어져 가는 것, 그것이 목회자의 길이다.

나를 주위에서 지켜본 사람들은 보았다. 나는 모든 이민자와 똑같은 길을 걸었다. 아주 조금씩 보폭은 작게, 걸음은 빠르게 걸었다. 쉽게 쉽게 열심히 뛰었던 셈이다. 할 수 있는 것은 즐겁게 하고, 할 수 없는 것은 포기하기를 용감하게 했다. 무리하게 하는 일은 위험하다는 뜻이기도 하다. 그렇게 해도 될 일은 되는 것이 목회다.

막상 모든 것을 포기하고 떠나기란 아쉬웠다. 나도 평범한 목사다. 그런데 나는 빈손으로 한국에 돌아갔다. 그 경위가 참 황당했다. 하나님의 은혜를 그런 식으로 말하면 부적절하겠지만 좋다고 받아들이기에는 너무 어이 없는 일이었다.

사람의 운명이 바뀌려면 무슨 전조가 보이는 법이다. 나는 바쁜 이민 생활에 적응하고 가족을 책임지는 일 때문에 줄곧 앞만 보고 달렸다. 대로로 달려간 것이 아니라 몇 구비 비탈길을 돌아서 가는 시행착오를 겪었다. 그런 아픔을 겪고 간신히 정착을 한 보통 이민자였다.
처음에는 미국교회를 빌려서 주일 오후에 교회 문을 열고 설교를 했다. 얼마 안 가 가까운 이웃에 새로 교회를 개척하려는 모임이 있었다. 그들은 오전에 작은 회관을 빌려서 예배를 드리고 있었다. 그런데 그 교회에서 나에게 설교를 부탁해 왔다. 우리 교회의 오후 설교에 아무 지장이 없어서 두 곳을 주일마다 왕래하며 설교했다.

또 얼마 지나지 않아 오전 모임에서 교회 한 곳만 맡아 달라는 제안을 했다. 나는 그렇게 하기로 허락했다. 내가 개척한 오후 교회는 후배 목사에게 넘겨주고 나는 오전 교회를 맡게 되었다. 그 맴버들은 M교회에서 같이 믿음 생활을 하던 교인들이었다. 장로도 있고 집사들도 많았다. 기초가 탄탄했던 그 교회는 급속도로 부흥이 되어 장소를 큰 공장으로 옮겼다. 그곳에서도 장소가 점차 협소할 정도가 되어 젊은 층을 위한 교회는 나누어 모이자고 했다. 교회는 평화적으로 둘로 나뉘게 되었다. 대가족들로 구성된 장로 측과 따로 젊은 집사들이 나가서 교회를 열었다. 양측에서 내게 서로 같이 있자고 했다. 교세를 보나 대우를 보나 이미 있던 그 자리의 교회를 지키는 것이 편하고 좋은 것은 당연했다. 교인도 그 쪽이 많았고 장소도 좋았다. 무엇보다 재정이 안정적이었다.

그런데 교회도 장소도 없는 쪽에서 교인들이 길을 막고 간청해왔다. 그런 상황에도 불구하고 있던 자리의 교회에 남아 있는 것은 돈 때문이라는 오해를 받을 만했다.
뉴욕 교포 사회는 그다지 넓은 편이 아니다. 당장 소문이 날 것은 틀림없었다. 내가 조건이 좋고 재정도 좋은 쪽을 선택했다면 잘했다고 할 것이었다. 그런데 어려운 편을 택했다. 목사의 이미지가 목사의 가치가 되기도 하기 때문이다.
누가 봐도 잘못된 선택이었다. 나는 당장 사무실이 없어졌다. 생활비도 없어졌다. 아무도 말이 없었다. 축하 인사도 없었다. 그런데 그 일을 통해 많은 것을 얻게 되었다.

좋은 조건을 따라가는 것이 당연할 수는 있다. 그러나 목사의 경우에 한 해서는 그렇지 않다는 것이다. 그래서 내가 잃은 것은 조금뿐이었다. 그 손해라는 것은 나만 아는 일이다. 그리고 보면 내가 한국으로 나가기 직전이던 1991년에 몇 가지 심상치 않은 전조 같은 사건이 있었다. 예상치 않았던 일이 뜻하지 못한 결과를 가져다 준 일이다. 처음 사건은 전전 년 12월 8일 결혼 30주년 기념일에 일어났다. 집을 사게 된 것이다.

나는 내 평생에 집을 소유하겠다는 생각을 해본 적이 없다. 젊어서

부터 내집 마련은 나와 아무 상관이 없었다. 그런데 내가 살고 있는 아파트에서 입주자에게 우선권을 주니 사라는 제안을 해왔다. 살 생각이 없으면 이사 비용을 받고 떠나라고 했다. 물론 입주자라면 누구라도 절호의 기회라며 사고 싶어할 것이었다. 나도 생각이 같았다. 그렇게 산 것이 내집이 되었다. 다섯 식구가 살고 있는 임대 아파트가 하루 아침에 내 집으로 바뀌었다. 모든 것이 편리하고 대우도 달라졌다. 입주한 사람들은 모두 아파트 오너가 된 것이 자랑스럽고 좋아서 기뻐하는 모습이었다. 그런데 나는 조금도 기뻐할 마음이 생기지 않았다. 오히려 미안한 마음이 들었다. 교인들은 아무도 자기 교회의 목사가 집을 샀는지 모르고 있었다. 혹시 그런 일을 알았다면 일부 교인은 잘 되었다고 할 것이었다. 식구가 다섯인데 셋집에 살기보다 자기 집에 사는 것이 좋을 것이라고 할 것이었다. 나도 집을 정상적으로 인수했으니 아무 잘못은 없었다. 그런데 오해가 생길 수도 있는 문제였다. 우리 교인들 중에는 나를 오해하는 사람이 없을 것 같았다. 그렇지만 목사가 집을 샀다는 건 돈을 벌었다는 소리를 막을 도리가 없다. 집 구입은 어떤 누구도 돈으로 산다. 나는 돈 있는 목사도, 돈을 번 목사도 아니었다. 그래서 내 집이 싫었다.

한 순간이나마 결혼 30년 기념 선물로 받은 기분에 속은 것이 부끄러웠다. 나는 당장 처분하기로 마음을 굳혔다. 그렇게 일 년이 지나고서 나는 집이 없는 것이 훨씬 편하고 자유롭다는 것을 알았다. 가난한 교인들 생각이 절로 났다. 돈을 벌어서 집을 사려고 미국에 온 것이 아니었다. 그럴 생각도 없었지만 그럴 능력도 없었던 것이 사실이다. 그런데 아파트 주인이 떠맡겨서 샀다. 그러나 누가 이 말을 믿을 것인가.

내 본래 모습대로 돌아가기 위해 집을 교회에 바쳤다. 물론 교인들에게 알리지 않았다. 교인들이 알면 필요 없는 생각을 할 수 있어서 그런 생각이 드는 순간 결단했다.

그럴 즈음에 또 한 가지 일이 생겼다. 한 교우가 고급 강대상 세트를 교회에 기증했다. 강단에 정품 가구를 설치한 것을 온 교인이 흡족해 하며 기뻐했다. 나도 강단이 환하게 빛이 나서 좋았다. 그런데 의자가 세 개인 것이 좀 부담스러웠다. 강단에는 설교자와 기도 인도자가 올라간다. 그래서 의자는 두 개면 된다. 혹시 세 사람이 올라갈 경우가 생겨도 사회자는 빈 자리가 생겼을 때 앉는다. 어쨌든 의자 세 개는 임금의 자리를 흉내낸 것 같아서 싫었다. 가운데 의자가 목사의 자리라고 생각할 것 같았다. 그런 권위 의식을 씻기 위해서 의자는 두 개면 족하다. 그런 결심을 행동으로 보여주고 싶었다. 목사는 단상에 서서 섬기는 자다. 의자에 앉아서 할 일이 없다. 마치 왕좌에 앉는 시늉을 해서는 안 된다. 그 가운데 의자를 항상 비워 둔다면 나는 아무 말도 하지 않을 것이다. 그 빈 자리가 주님의 보좌를 상징한다면 얼마나 신성하고 좋을까.

일반 교회는 그 정도를 다 갖추고 있다. 그러나 이민 교회는 그런 것을 설치할 만한 건물을 준비하기 어렵다. 그런데 우리 교회는 자체 건물을 구입했다. 그 때문에 규모에 맞게 설치해도 나쁘지는 않았다. 그러나 내가 그런 권위적인 구조가 싫었다.

교인들은 하늘을 우러러 손을 들고 하나님께 경배하러 교회에 나온다. 환상적인 꿈을 꾸는 것같은 천국의 노래를 부르면서 성수 주일을 한다. 영광스러운 보좌에 앉으신 만왕의 왕을 향하여 예배를 드린다. 그런 중심에 앉아서 영광 받을 이가 누구란 말인가. 절대로 목사는 아니다.

그래서 그런 구조를 바꾸고 싶었다. 강단에서 목사의 자리는 서서 설교하는 자리일 뿐이다. 설교는 섬기는 자리이다. 어떤 교회는 설교라 하지 않고 선포라고 한다. 좀더 권위를 과시하려는 뜻이겠지만 참 가소로운 발상이다. 선포라면 1분 내에 끝내야 한다. 무슨 선포가 그렇게 온갖 말을 다 한단 말인가.

우리 교회에서는 그렇게 고급 용품을 생각지도 않았다. 그러나 기증자의 입장은 충분한 정성의 표시였다. 그런데 나는 예고 없이 기증을 받은 의자 세 개 중에서 가운데 의자를 교인석 맨 뒤에 갖다 놓았다. 거기에 내가 앉아 있다고 생각해 달라고 했다. 교인들과 같은 마룻바닥으로 내 자리를 내려 놓았다. 그리고 나도 그런 멋있는 강단을 보면서 그제서야 우리 교회가 개척교회의 가난한 티를 벗겨낸 것 같아서 좋았다.
나는 교인들을 합리적으로 설득했다. 의자란 필요한 만큼 설치하는 것이고 강단에는 두 사람밖에 올라가지 않는다고 이해를 시켰다. 나는 안티 목사가 되고 싶지는 않았다. 그런 태도가 다른 목사를 폄하하고 자기만 잘난 척하는 교만을 부리는 거라면 나는 목사로 설 자리가 없다. 나는 목사가 낮은 데 앉을수록 높게 보이고 신뢰 받는다고 믿는다.

의자 세 개를 단상에 놓는 것이 전통적인 교회 양식처럼 각인 되어서 중앙에 의자가 없으면 불균형해 보일 것 같은데 나는 그런 편견을 깨고 싶었다. 가운데 의자가 목사의 권위를 상징한다고 생각하는 것은 잘못된 관습이다. 그 가운데 자리가 시각적으로 중심이 되는 것은 틀림이 없다. 그러나 그것과 목사가 교회의 중심이 되는 것은 다르다. 목사는 교회의 중심이 아니다. 종이 중심이 되는 구조는 어디에도 없다. 그런 구조는 폐지 되어야 한다.

다른 교회가 그렇게 한다고 성경에 맞지도 않는 것을 흉내 내기가 싫었다. 그래서 아무와도 의논을 하지 않고 그 의자를 끌어냈다. 모든 교인은 평등하기 때문이다. 나는 교인들이 목사를 특별하게 대우하는 제도를 싫어한다. 그것은 엄연히 비성경적인 것이다. 목사를 존경하지 말라는 의미는 아니다. 목사를 존경하는 것과 특별하게 보는 것에는 큰 차이가 있다. 그 구석에는 아무나 앉아도 상관 없다. 나는 설교할 때 그 구석에 내가 앉아 있다고 생각한다.

교회는 하나님의 집이다. 교인들도 그렇게 생각하는 것은 목사와 다를 수 없다. 그렇게 하나님의 집 구조라고 믿는다면 높고 낮은 자리가 있을 수 없다. 그래서 잘못 된 구조는 고치는 것이 바른 것이다. 요즘 어떤 교회는 옆으로 낮게 교인과 마주 보는 의자 구조를 해놓기도 하고, 아예 의자가 교인석에 놓인 교회도 있다. 사용하기에 편리하면 된다. 그런 것으로 교인을 현혹하고 목사의 위상을 높여봐야 아무 소용 없다.

내가 교인들에게 착한 척하려고 그런 짓을 한 것은 맹세코 아니었다. 교회 안에는 높은 사람이 한 명도 없다는 것을 강조했을 뿐이다.

단상에는 의자가 있기만 하면 된다.

　안식년과 관련한 사건도 있었다. 그 교회에서 목회 10년을 넘기면서 안식년을 하라는 의견들이 있었다. 내게는 좋은 소식이었다. 그러나 1년간 목사 없는 공백은 교인들에게 너무 길다. 그래서 싫다고 했다. 조율 끝에 6개월 동안을 쉬기로 정하고 1992년은 1월 1일부터 나의 안식년 광고를 했다. 나는 그런 제도가 옳은지 여부를 잘 몰라서 말 없이 있었다. 그러나 목사에게 쉬라는 말은 좋은 일이지만 설교 안 들어도 된다는 말은 서운하다. 아내도 고생을 했으니 함께 쉬는 것도 한 번은 해볼 만했다. 예산도 세우고 대책도 수립했다. 그런데 시간이 다 가올수록 쉰다는 생각이 사치스럽게 생각되었다. 1월 1일 영시, 나는 안식년을 쓰지 않겠다고 반납했다.

　전교인이 새해 첫 예배를 드리는 중에 그렇게 선포를 했다. 교회의 방침을 임의로 사절한 셈이다. 아내와 사전에 의논하지는 않았다. 그것이 내 스타일이다. 필요 없는 갈등은 없애는 것이 선한 조치라 믿었다. 또 단독으로 결정해야 책임을 진다.
　안식년 반납은 단순한 시간을 반납한 것이 아니었다. 무엇보다 나는 안식년을 했을 때 일어날 복잡한 생각을 감당할 자신이 없었다. 우선 6개월 동안 어디를 돌아다녀야 할지 그것도 망막했다. 경비를 만불 주면 어떻게 써야 될지도 캄캄했다.

　92년 1월 1일 영시까지 일어난 이상의 세 가지 사건은 평범하지만 나에게 상징적 의미는 컸다. 먼저 집을 바쳤고, 다음에 목사 자리를 내려놓고, 끝으로 안식년을 반납하고 나니 마음이 이상하리만큼 편하고 행복했다. 그 가운데 안식년 반납은 잘한 것이 아니라 어머니께 효도한 느낌이었다. 어머니는 내게 자주 목사가 수양회간다는 말을 들으면 아주 속상한다고 경계시키셨다. 나에게 "네가 땅을 파냐, 등짐을 지냐, 정말 수양을 해야 할 사람은 따로 있다."고 하셨다. 내가 처음 목사가 되어 하기 수양회에 간다고 했을 때 어머니는 수양회에 가지 말고 당신을 따라 어디를 가자고 하셨다. 어디를 가시려는지 묻자 내게 수양회를 가르쳐 주려고 하셨다. 그러면서 목사가 뭘 한다고 교인들 앞에서 수양을 운운하느냐고 했다. 나는 목사는 정신 노동을 하는 사람이라고 어머니를 설득하려고 했다. 그때 어머니는 이렇게 책망하셨다.

"목사가 왜 정신이 괴롭다니? 무슨 생각을 어떻게 하기에 정신이 피곤한 거냐? 생각이 틀려서 그런 것이다."

그러면서 교회의 재정이 누구의 것인데 교회 돈으로 목사만 수양을 하려 하면 되겠느냐고 되물었다.

목사는 수고의 댓가로 사례금을 합법적으로 받는다. 당연히 자기 직무를 이행한다. 안식년이 꼭 필요한 목사도 있다. 그런데 나는 아닌 것 같았다. 나의 어머니는, 목사가 힘들다고 하는 말은 어이 없는 말이라고 했다.

세상에 힘 안 들게 사는 사람은 아무도 없다. 가끔은 하나님이 가장 힘들다는 사람도 본다. 물론 그 말은 하나님에 대한 모독이다. 하나님이 힘들었으면 세상은 벌써 끝났지 않았겠나. 목사도 그렇다. 하나님이 살아 계시고, 목사는 그 하나님의 종이다. 그렇다면 목사는 좀 달라야 말이 된다.

　나는 안식년을 하지 않는 조건으로 다른 것은 요구하지 않았다. 그냥 그때까지 하던 대로 했다. 1991년 2월 말. 서울 C교회의 부흥회 날이 약속 되어 있었다. 나간 김에 진도에 가서 전남 노회 여전도 연합회 사경회도 인도하도록 일정이 잡혔다. 돌아오는 길에는 마지막으로 서울 N교회 부흥회를 인도하게 되어 있었다. 그러고나서 미국으로 돌아올 계획이었다.

　마지막 집회를 인도하고 호텔로 돌아온 날이었다. 모든 일정을 끝내고 홀가분한 마음으로 숙소에 돌아왔는데 로비에서 손님들이 나를 기다리고 있었다. 아무 약속도 없이 찾아온 손님들이었다. 아무 준비도 없고 이유도 모르면서 낯선 손님을 만나기란 퍽 조심스럽다. 인사를 나누고 보니 찾아온 손님들은 S교회 장로들이었다. 다섯 분이 나를 만나야 할 용무라면 짐작컨대 부흥회 요청 정도였다. 그런데 그런 일이라면 다섯 명씩이나 올 필요가 있을까 싶었다. 그런 생각이 들자 마음이 조금 무거워졌다. 혹 내가 무슨 잘못한 일이 있는 것은 아닐까 우려도 되었다. 그럴 만한 일이 있을 것 같지는 않았지만 뜸을 드리던 그분들의 말을 기다려 듣기로 했다.

　목사 청빙이 용건이었다. 다섯 명의 장로들은 S교회의 담임목사 청빙위원들이었다. 찾아온 사람들의 신분과 용건을 듣고나니 순간 온몸이 후들거리고 중심이 흔들렸다. 그들은 내가 몸둘 바를 모를 지경으로 친절했고 예우를 다했다. 그들 중에 나를 아는 사람은 없었다.

순간 그렇다면 나하고 만날 이유가 없을 것 같았다. 나에게 그분들을 만날 명분이 없다는 생각이 들자 혹시 나를 자기들 교회에 목사로 청빙할 어떤 분으로 잘못 알고 온 것이 아닌가 싶었다. 비슷한 사람과 혼선이 생겼을 가능성이 매우 농후해 보였다.

장로님들은 아주 진지하고 정중했다. 나를 담임목사로 청빙하고 싶다는 이유부터 이야기했다. 사람을 잘못 알고 왔을 정도로 보기에는 다섯 분이 너무 세련 되게 보여서 죄송함이 밀려왔다. 놀랍게도 나를 알게 된 것은 불과 한 시간 전이었다. 그 사실을 알게 된 순간 나는 더욱 오류라는 것을 확신했다.

다섯 장로님들은 그날 저녁 N교회에서 내가 부흥회 마지막 설교를 하고 있을 때 어떤 분의 소개로 참석하고 있었다. 그들은 약 2년 동안 많은 설교자들을 찾아가 설교를 듣기도 하고 초청하여 듣기도 했다고 전했다. 그 동안 다섯 명이 의견 일치를 못 보고 있다가 오늘 부흥회 후 회합에서 처음 의견을 모았다며 나를 찾아온 이유를 설명했다. 갑작스런 제안에 내가 "직접 확인한 이상 다른 소개가 필요치 않겠지만 부흥회 설교는 누구나 다 잘하게 되어 있다."고 상황을 피했다. 장로님 중 한 분이 "우리들도 설교 듣는 귀가 있습니다."고 해서 나는 입을 다물었다.

더는 대화가 무의미할 것 같았다. 조심스럽게 사태를 바로잡아 줄 필요를 느꼈다. 그분들은 내 설교를 들었을 뿐 나에 대해 알고 있는 것이 없었다. 그 다섯 명이 같은 목적으로 나 한 사람을 여러 방면으로

검토해 보았다고 했으나, 다섯 명이 의견을 종합한 결과 똑같은 생각을 하게 되었다고 하는 이야기가 내 입장에서는 너무나 파격적인 제안이라서 오히려 더 믿기지가 않았다. 물론 기뻐해야 할 일이었다. 그러나 전혀 예상을 못했던 돌풍을 만난 기분이라 기뻐해서는 안 될 사고 같았다. 될 수 없는 것을 욕심내는 것은 범죄다.

한편으로는 남의 호의를 무조건 거부하는 것도 무례라는 생각이 들었다. 그렇다고 태도가 너무 애매하면 도리를 외면하는 것이다. 불길한 예감은 들지 않았다. 그러나 그분들의 생각이 현실로 다가온다는 상상은 있을 수 없다. 그렇다면 나는 생각을 정리하기 쉽다. 정직하게 나는 모른다고 하면 될것 같았다. 내게 책임이 없으니 그 말이 정답이 되지 않을까 싶었다.

차라리 착오였다면 행복한 한 순간이 될 뻔했다. 이런 일이 소문이라도 나서 큰 타격을 받게 될까 두려웠다. 나는 부흥회 설교를 듣고 부흥사를 담임목사로 청빙하면 잘못 될 확률이 높다는 말로 그분들을 설득했다.

S교회는 이미 많이 알려진 교회였다. 담임 목사가 2년 전에 사임한 후 후임을 찾는 광고가 난지 일 년이 넘었고, 그 동안 많은 후보자의 설교를 들었을 터였다. 교회 청빙 위원회에서는 다섯 명의 만장일치가 되어야 결정을 한다는 원칙을 세우고 있었다. 그 만큼 목사가 귀한 것인지 심사가 까다로운 것인지는 알 수가 없으나 다행히 내가 그 원칙에 처음 들었다는 사실은 신기한 일이었다.

백 번 고마운 일이지만 그런 방법으로 목사를 찾으면 실패할 것 같다는 생각이 들었다. 그래서 내 생각 그대로를 말했다. S교회가 신문에 공고한 규정에 의하면 나는 해당이 되지 않았다. 무엇보다 중요한 조건인 나이가 맞지 않았다. 교회가 요구한 나이는 40대 중반이었다. 그런데 나는 이미 50대 중반을 넘었다. 아무리 청빙 위원의 전원 일치라 해도 교인들을 설득할 명분이 없었다. 나이에 얼마간 차이가 나는 것은 양해가 될지 모르나 나는 요구 나이보다 10년의 차이가 났다.

일단 내가 그런 원칙을 무시하기 싫었다. 그러나 어쩐 일인지 그 다섯 분들이 물러 설 기미가 안 보였다. 청빙 위원인 자신들이 누구보다 안목이 있다고 장담했다. 나는 그래도 부당한 강요라고 고사했다. 그리고 분명히 거절의 의사를 밝히고 헤어져 숙소로 돌아왔다. 기분이 묘하면서 불안했다.

뉴욕으로 돌아가야 하는데 교인들을 생각하니 죄송했다. 마치 내가 외도를 하다가 들킨 사람같았다. 다음 날은 미국으로 들어갈 참이었다. 그런데 이른 아침에 다섯 장로가 다시 찾아왔다. 간밤에 많이 생각을 해봤으나 뜻은 그대로였다.

장로들은 강요했고, 나는 수락할 수 없는 이유를 한 가지씩 들어 설명했다. 첫째는 나이가 많다. 둘째는 설교 시험을 치를 수 없다. 셋째는 재차 면접을 못 본다. 넷째는 무조건 투표하여 부결 되는 것 역시 못 본다. 그러나 교회 측에서는 뜻을 바꿀 수 없으니 한 번만 와서 설교를 해달라고 최후 통첩을 했다.

나도 그럴 수 없다고 통보했다. 지금 있는 교회를 버리고 목사가 다른 교회로 가기 위한 설교를 하러 갈 수 없다는 것이 나의 이유였다.

만일 그렇게 된다면 교인들이 나에게 느낄 배신감이 어떻겠느냐고 되물었다. 그러니 나는 그렇게 교인들에게 상처를 줄 수 없다고 설명했다. 뉴욕에 안정된 목회 기반을 닦아 놓고, 그런 교회를 외면하고 새로운 목회지로 옮기는 모험은 하기 싫다고 했다.

그러나 내가 조목조목 반박하며 거절할수록 그들은 점점 더 완강하게 반응했다. 내가 거절하는 이유들을 듣고 교인들 사이에서 더 관심이 확산된 것 같았다. 교회가 찾고 있는 목사상과 많이 닮았다고 나에게 점점 더 적극적인 반응을 해왔다.

모든 것은 하나님의 결정이 아니겠느냐고 희망적인 관계를 저버리지는 않았다. 나에게 그토록 호의를 베풀어준 분들에게 실망을 드리기는 싫었다. 나는 뉴욕에 돌아와서 아무 일도 없었던 것처럼 말을 아꼈다. 그런데 며칠 후에 또 전화가 걸려 왔다.

변함이 없다고 했다. 교인들이 설교를 들어 보고 싶어 한다고 하는 것 같았다. 그러나 그 일만은 불가능했다. 할 수 없이 바로 공동의회에 회부했고, 결과는 투표가 결정하기로 했다.

그러는 사이 뉴욕의 나에 대한 신분 조회도 다방면으로 이뤄졌던 것 같다. 다행히 뉴욕에는 S교회 출신 교인들이 많았다. 그리고 S교회에서 부목사로 있다가 뉴욕에 온 유명 인사가 있었다. 교회측에서 그 목사에게 수소문을 한 모양이었다. 그런데 그 목사가 나를 청빙하는 건 절대 안 될 일이라고 나에 대한 부정적인 이야기를 교회에 전한 모양이었다. 그런데 오히려 그것이 교회측에는 긍정적으로 작용하는 효과를 냈다. 뉴욕에서 내로라하는 목회자가 그토록 경계할 인물이라면 청빙을 할 만하다고 판단한 것이다.

나는 가만히 앉아서 그 목사의 비난 섞인 반발로 인한 반사 이익을 톡톡히 본 셈이다. 그때 마침 S교회에서 성가대 세미나가 열렸는데 거기에 강의할 교수가 마침 뉴욕 출신으로 나의 지인이었다. S교회의 성가대장이 교수에게 나를 아느냐고 물어서 교수가 깜짝 놀랐다는 후문을 전했다. 교수는 무슨 이유로 묻느냐고 되물었다고 한다. 성가대장은 다섯 명의 청빙 위원 중 한 사람으로 청빙 위원장이기도 했다. 교수는 CCC지도 교수로 나와는 아주 절친한 사이였다. 당연히 뉴욕에서 내가 최고라고 추켜세웠다.

어쩌면 그렇게 적시에 적당한 만남이 있단 말인가. 기가 막힌 기회에 일어난 감격할 사건이 아닐 수 없었다. 청빙 위원장의 자신감과 위원들의 열정과 진심어린 설득으로 공동의회는 생각보다 훨씬 효과적인 결과를 낳았다. 나의 초조한 시간도 끝이 보이기 시작했다. 교인들을 버리고 다른 교회로 가겠다는 한심한 고민이 막을 내리는 날이었다. 눈 딱 감고 달아날 만큼 간이 크지 않은 내가 진퇴양난을 어떻게 돌파할지 면목이 없었다.

조금 후에 전화가 걸려 왔다. 공동의회가 원만하게 끝이 났다고 했다. 결정이 어떻게 되었는지 결과에 대해서는 말이 없었다. 원만했다면 청빙이 가결 되었다는 뜻이었다. 간신히 통과 되었대도 상관은 없었다.

훗날이 걱정 되어 너무 인색하게 굴었던 것이 찜찜했다. 교인들을 속이는 것만은 하기 싫었다. 그런 사실이 드러나면 어디를 가도 목사는 목자로서의 힘을 잃는다. 교인들에게 보여줄 이력서를 달라는데도 나는 취직하는 것이 아니지 않냐며 사절했다.

　최후 결정이 났다. 교회서 찾았던 목사 연령보다 열 살 이상 초과한 늙은 목사를 청빙하기로 한 것이다. 설교를 한 번도 들어보지 않고 투표를 하였으니 설교만은 책임을 묻겠다고 할 것 같았다. 이런 저런 죄송한 일들이 내 앞에 있었다. 만일 청빙이 결정 났다면 그 때 생각해도 늦지 않다고 미뤄 두었으니 지금부터 천천히 생각하면 될 것이었다.

　언젠가 어머니께서 젊은 시절 내게 목회의 꿈이 무엇인지 물어 보신 적이 있었다. 귀향민촌에 있을 때였다. 내가 시무하던 교회 장로가 다섯 명이었을 때였다. 나는 얼른 대답하기를 지금은 장로 다섯 분이 있는 교회이니 후에는 열 분이면 좋겠다고 했었다.

　S교회를 만나기 전까지는 아직 장로 열 명이 넘는 교회를 시무한 경험이 없던 나였다. 그 오래 전 어머니가 그렇게 묻게 된 이유가 뭔지 모르지만 혹시 어머니가 그런 기도로 하나님께 선약을 해 뒀으면 이번 일은 어머니의 기도대로 청빙이 되었는지 모르겠다는 생각을 했다. 이번 청빙이 내 일생을 획기적으로 바꿔 줄 계기가 될 것 같았기 때문에 더 그랬다.

　S교회는 속해 있는 노회 중에서도 가장 큰 교회였다. 당회원인 장로 이십 명이 넘었다. 교인도 뉴욕에서 내가 목회하고 있는 교회보다 열 배가 넘는 규모였다. 능력은 없지만 가게 되면 한 번 도전해볼 만한 교회라 생각했다.

　야구경기에서 대타 선수가 홈런을 치면 흥미가 대단하다. 나는 정식

타자가 아니었다. 그래서 한 번 기대해볼 만했다. 그리고 그런 기대에 보답하고 싶었다. 그라운드 조건이 이렇게 좋은데 못 할 것도 없지 싶었다.

전임 목사는 한국 교회가 다 알고 있는 유명 인사였다. 목회자로서, 부흥사로서, 성경학자로서, 영성가로서 훌륭한 목회자였다. 거기에 비하면 나는 병아리같았다. 그 교회 안에는 나를 아는 사람도 한 명 없었다. 나를 지지해줄 사람이 아무도 없었다. 내가 그 교회에 청빙받으리라 생각한 동료 목회자도 한 명 없었다. 그러니 잘 못 감당해도 이상할 일이 아니라 생각했다.

청빙 위원장이 정식으로 모든 일이 잘 된 것 같다고 위로와 격려를 해 주었다. 많은 지지를 얻어낸 것도 감사했다. 공동의회 석상에서 젊은 층의 질문이 쇄도했는데 그 때 확실하게 답변을 할 수 있었던 것은 큰 경험을 한 것이라며 기뻐했다.

나이 많은 목사를 무리하게 데려오려는 저의가 무엇이냐고 공박했을 때도 잘 대처했을 뿐 아니라 나이를 초월한 능력의 소유자라며 나를 변호해준 그분에게 나는 평생 잊을 수 없는 고마움을 갖게 되었다. 본인은 교인을 생각하고 교회를 생각해서 이런 좋은 교회를 맡겨준 줄 믿었다. 수많은 목사들이 오려고 했지만 그 목사만은 달라서 놓지기가 아깝다고 했다.

뉴욕에서는 그쯤 하고 떠나도 된다는 하나님의 허락이 떨어진 것이었다. 교인들에게도 사정을 설명했다. 강한 반발과 저항은 사랑을 그런식으로 표현한다고 받아 주었다. 나도 교인들을 못 보게 되니 그것만으로 안타까운 결정이었다.

그리고 6월 1일 나는 S교회에 부임했다. 나는 그런 교회를 꿈꾸지 않았다. 그런 결과로 서울에 입성하게 되었다. 도시로 가라고 했었던 엄명도 생각도 났다. 대구는 서울에 비할 수는 없지만 엄연한 한국의 대도시다. 서울도 뉴욕에 비하면 그런 정도다. 뉴욕을 경험했으니 서울을 가게 하신 것은 별로 이상하지 않았다. 다소에서 태어난 바울이 로마로 간 것도 도시의 진출이자 정복이었다.

S교회는 장로 파워가 있는 교회로 유명했다. 장로들 중에 유력한 인사들이 많았고, 법조인 군인 학자 교수 사업가 등등 구성원이 고루고루 편성 되어 있어 일하기가 좋은 교회였다. 다만 목회자에게는 협조가 잘 되는 반면 기대가 많아서 노력하지 않으면 청빙은 수포가 되기 쉬웠다. 나의 힘으로는 견디기가 힘들 수도 있는 교회였는데, 나는 일을 잘 하려고 노력하지는 않기로 했다. 다만 나를 잘 다스리는 일에만 노력을 했다.

목사가 부임하면 위임식으로 시무가 시작되는데, 교회에서 위임식을 몇 달 미루자고 했다. 좀 겪어본 후에 위임식을 하겠다는 의사로 압박 같기도 했다. 반대할 생각이 없었다. 그것이 텃세라도 받아들이면 된다. 목회는 바쁘면 늘 위험하다. 천천히 가면 되며, 상관하면 스스로 속는다. 그런데서 욕심을 부리면 목회자로서 격이 떨어진다.

나는 아무 내색 않고 좋다고 했다. 그러자 알려 주고 싶은 것이 생각났다. 목사의 위임식이 늦춰지면 목사는 편하게 설교만 하면 된다. 당회장으로 직무를 수행하려면 당회장 권한이 있어야 하는데 위임식 이전에는 당회장 권한이 법적으로 정지되어 있기 때문이다. 당회를 소집할 권한도 없고 결정을 할 때 가부를 물을 권한도 없다. 공식 임무를 이행하기까지 나는 느긋하게 기다리면 되었다. 그래서 그 전에 무슨 일을 집행하면 불법이니 내가 편하게 설교만 몇 달 하면 되겠다고 알려 주었다.

그러자 위임식부터 하고 집무를 하도록 하자는 결의를 하게 되었다. 한 달 안에 위임식을 거행했다. 교인들은 어린 아이같이 연약한 나를 차츰 격식에 손상이 되지 않게 조심성 있게 대해 주었다. 위임식이 끝나고 첫 번 당회가 개회 되었다. 거기서 교육 부장을 맡은 장로가 발언을 했다. 새로 부임한 담임 목사의 목회 백서를 보고 싶다고 했다. 아주 좋은 제안이었고, 나는 업무 파악이 되지 않았으니 좀 기달려 달라고 했다. 아무 것도 모르는 바탕에서 목회 백서를 작성할 수도 있다. 그러면 교회가 따라 오지 못하게 된다. 천천히 살피고 최선을 다 하다 보니 그 교회를 떠날 날이 되어 목회 백서는 어디로 갔는지 행방불명이 되고 말았다.

그럼에도 S교회는 나의 일생에 가장 멋스러운 목회를 한 교회로 남게 되었다. 자식들에게는 아버지가 S교회 목사였다고 말하도록 교육을 시켰다. 여러 교회 이름보다 제대로 된 한 교회면 족하기 때문이다. 당회원 좋고, 예배실 좋고, 음악 좋고, 여성들과 청년들의 봉사 열기가 훌륭한 교회였다. 운영 체제도 빈틈이 없고 당회원 선후배 분위기도 좋았다. 제직회 부서마다 균형을 잘 맞췄다. 나는 쉽게 일했을 뿐 죽기 살기로 뛰어다닌 편은 아니었다.

다만 설교만은 교인들에게 결코 실망을 시키지 않으려고 최선을 다 했다. 그 만큼 신경을 썼지만 나는 거기서 불행하게도 실명의 아픔을 겪었다. 그것이 그 교회를 힘들게 한 나의 과실이었다. 교회는 아무 잘못이 없었다. 다만 내가 교회의 담임 목사로서 눈 관리에 소홀했다.

나는 S교회 목회 5년째 되던 해에 시력을 잃었다. 6개월간 눈을 감고 설교를 했다. 그것이 가능한지 의문을 제기하는 사람도 많은데, 나는 지금도 깜깜한 상태에서 설교하도록 허락을 해 준 그 교회가 정말 위대하다고 생각하고 그래서 고맙다. 그런 결단은 아무 교회에서나 할 수 있는 일이 아닐 것이다.

교회에는 목사가 여러 명이다. 설교는 그들 중에 누구에게나 맡기면 된다. 그런데 그 동안 나는 혼자서 원고 없이 설교를 했다. 교인들의 반응은 더 뜨거웠고 숨을 죽이고 전심으로 들어 주었다. 그 후에 수술로 약간의 시력은 회복했다. 그러나 정상인의 수준은 어림도 없었다. 그런 시련을 왜 S교회가 감당해야 했는지는 잘 모르겠다. 나는 그 때 얻은 설교 방식으로 지금도 원고 없이 설교를 한다. 그리고 그 설교를 인터넷으로 내어 보내고 있다.

그 때 교인들의 기도와 사랑은 아직도 식지 않고 내 가슴에 타오르고 있다. 교회를 떠나야 되는데 목회를 중도에 그만두면 교회에 누가 되는 상황이었다. 더구나 그런 것을 알고도 남아 있는 것은 인간의 도리가 아니다. 지도자는 책임감이 남과 다르다. 그 일이 어떤 것이라도 지도자가 무책임하면 모두가 혼란에 빠진다. 내가 떠나면 서운한 맘이야 있겠지만 그 한 가지 말고는 아무 것도 나쁜 것이 없다.

우물거리다가는 피해가 산더미처럼 불어날 것 같았다. 나는 아내와 일 년 후에 떠나기로 결심을 했다. 너무 급하게 처신하면 충격으로 상처가 될 수 있기 때문이다. 그러고 있을 때 실명한 나를 데려가겠다고 나선 후원자가 나타났다. 대전 H대학이었다. 내 눈의 나쁜 상태를 직접 보아서 알고 있는데도 그들은 눈이 더 나빠져서 완전한 장님이 되어도 모시겠다며 당장 나서라고 졸랐다. 일 년 후는 S교회가 50주년을 맞는 희년이었다. 이별을 마음에 두고, 나는 그 역사적인 행사만은 꼭 거행해 주고 떠나야겠다는 생각했다.

그런데 그 일 년이 너무 길고 멀었다. 내색은 아무에게도 하지 않고 일 년의 시간이 지났다. 그 사이 교회에서는 남미로 청하여 융숭하게 휴식도 시켜 주었다. 희년 행사는, 내게는 교회에서의 의미 있는 마지막 행사였으며 교인들에게는 또 다른 의미가 있었다. 그들에게 희년 대회는 50년 전 고달팠던 피난 생활 중에 교회를 세우고 50년간 가꾸어 온 포도원을 자랑스럽게 추억하는 큰 잔치였다. 무엇보다 나는 아직 상처가 남아 있는 전임 목사와 교인들과의 앙금을 말끔히 풀어 주는 일을 이 희년에 해주고 떠나고 싶었다. 생각대로 50년은 세월의 길이가 아니라 교회와 신앙의 성숙을 함께 감사하는 축제로 잘 마무리되었다. 영원히 기념할 복된 희년이었다. 큰 행사를 치른 교회는 한층 더 어른스러운 모습으로 성장해 있었다. 든든해 보였다. 이럴 바에는 목사를 떠나 보내지 말자고 했다. 그러나 나는 그대로 있으면 교회는 후퇴라고 했다. 이미 떠나기로 되어 있었다.

그날은 비가 많이 내렸다. 공무원은 서울에서 대전으로 내려가면 좌천이라고 할지 모른다. 나의 경우는 좌천도 아니고 낙향도 아니었다. 끝이 날 뻔한 인생에 새로이 살 길이 열렸으니 역전이 된 셈이었다. H대학교회는 일반 교회보다 훨씬 좋은 교회였다. 대학 안에 대학과 함께 있는 교회라서 나는 명예의 전당으로 가는 것이었다.

S교회에서 나의 퇴임에 퇴직 사례를 운운했으나 나는 극구 사양했다. 나는 당초 평생 퇴직금은 없이 살기로 했었다. 목사는 직업이 아니니 퇴직이 없기 때문이다. 그런 결심만으로도 나의 평생은 떳떳하고 명예로웠다. S교회는 두고 두고 자기들이 오지 않겠다는 목사를 억지로 불러다가 앞을 못 보게 망쳤다고 자책하는 교우들이 많았다. 나의 눈은 미국에 있었어도 고장났다고 누누이 밝혔다. 실제로 나는 미국에 있었어도 눈에 탈이 났을 것이라고 믿는다. 병이란 때와 장소를 가리지 않는다. 서울에 와서 그렇게 된 것은 결코 아니었다. 오히려 병든 목사를 떠맡아서 치른 댓가를 내가 교회에 보상해 줬어야 했는데 그렇게 못한 것이 죄송했다.

S교회를 잊지 못하게 하는 대표적인 사건은 실명이 아니었다. 그보다 더 고맙고 감동적인 사건이 있다. 그 이야기는 아주 조심스럽게 해야 할 이야기다. 세상에 있는 교회는 늘 문제가 일어나게 된다. 그것이 없으면 이상하다. 조금 힘들게 수습하고 좀더 쉽게 수습하고의 차이가 있을 뿐이다. 그런데 수습하기가 정말 까다로운 사건이 생기면 교회는 그 피해로 인하여 입게 되는 부담이 어마어마하다. 물론 그런 사례가 흔하다고 할 수는 없다. 간혹 있는 일이다.

S교회가 50년 동안 겪지 않았다고 할 수 없는 재정 사고가 있었다. 약간의 부주의로 재정에 손실이 생겼을 때는 책임자가 사과하면 수습이 된다. 그런데 그렇지 않은 사고가 발생했었다. 교회 재정부에서 개인이 사고를 친 것이다. 목격자가 나타났고 물증이 있는데도 본인은 적극 부인했다. 금액이 거액인 것이 사건을 덮을 수 없게 만들었던 사고였다. 소문이 밖으로 세어나가면 교회 망신은 물론 형사사건으로

비화 될 위기가 닥칠 것 같았다. 혐의를 받고 있는 당사자는 교회에서 활약이 대단한 유명인이었다. 하루가 다르게 불어나는 의혹은 감당할 수가 없어 당회가 결단을 내리지 않으면 교회가 위태롭게 될 지경까지 이르렀다. 결국 물증을 가지고 본인을 압박했다. 그럼에도 당사자는 계속 부인했다. 다시 당회가 모였다. 사법 당국에 의뢰하자는 의견도 나왔다. 그것만은 교회의 신성을 헤치는 일이라서 제지했다. 결국 컴퓨터로 입금 된 헌금을 불법으로 인출해간 증거가 붉어져 진의가 밝혀졌다.

급기야 교인들 사이에서 질책이 터지기 시작했다. 내가 책임을 지고 단안을 내릴 결심을 했다. 그리고 당회원 전원이 모였다. 내가 한 가지 질문을 했다. 내 질문에 대답을 하는 데에 따라서 일을 처리할 생각이었다. 이런 재정 사고가 도난 사고인지, 교인을 잘못 가르친 목회 사고인지 물었다. 상상 외로 질문에 대한 반응은 아주 좋았다. 결론은 도난 사고보다는 목회 사고로 보기로 의견이 압축 되었다. 도난 사고라면 경찰의 소관이고 목회 사고라면 목사의 책임이다. 나의 어머니는 늘 교인의 잘못은 목사가 책임지는 것이라고 했었다.

당회에서는 나에게 잘해 보라며 격려 겸 응원을 보냈다. 나는 미리 생각한 대로 돈을 문제 삼지 않기로 했다. 그리고 교인을 문제 삼아서 회개하여 몇 배로 변상하는 결과를 기대하겠다고 포부를 밝혔다. 잘못하면 가정이 망하기 때문이다. 그런 결심으로 그 당사자 부부를 불렀다. 타이르면서 시간을 줄 터이니 생각을 해 보라고 종용했다. 나는 그들을 호출하려 하지 않고 기도하면서 기다리겠다고 했다. 나를 찾고 싶으면 언제라도 연락하라고 시간을 넉넉하게 풀어 주었다. 당회원 전원이 목사를 믿어 준 덕분에 그 가정은 멸문을 당하지 않았다.

그 뒤의 일을 나는 모른다. 만일 죄가 있으면 회개했으리라 믿는다. 그 사건이 그렇게 끝날 줄 교회에서는 아무도 예상치 못했다. 나에게 어머니의 목사 책임론은 지금도 유효하다.

✱ 나는 당초 평생 퇴직금은 없이 살기로 했었다.
목사는 직업이 아니기 때문이다.
그런 결심만으로도 나의 평생은 떳떳하고 명예로웠다.

성경은 감자보다 수십 배 더 맛있는 설교를 만들 수 있다

• • • •

옛날 친구 중 한 명은 감자를 무척 좋아했다. 자기는 감자가 밥보다 더 맛있다고 했다. 그런데 그는 찐 감자밖에 몰랐다. 감자는 쪄서 먹는 것 외에도 먹는 방법이 많이 있다. 나도 감자를 맛있게 먹는 여러 가지 법을 알고 있다. 성경은 감자보다 수십 배 더 많고 맛있는 설교를 만들 수 있다.

나는 새 것이 아니면 설교하지 않으려고 했다. 하나님의 말씀이 살아 있다고 믿는다면 새롭지 않은 것이 비정상이다. 얼마든지 새롭게 보여야 정상이다. 쓰던 원고를 꺼내서 재탕하는 설교는 태만한 증거다. 잘못 찾으니까 없는 것이다. 그렇지 않아도 되는 방법은 얼마든지 있다. 그러나 새 것을 깨닫는 것이 얼마나 고귀한 것을 알게 될 날이 올 것이다.

제4의
세계

새 것이 아니면 설교하지 않는다

당초 나는 징병 검사에서 시력이 안 좋아 입대 불가 판정을 받았었다. 한쪽 눈은 1.0이었고, 다른 쪽 눈이 상당히 나빴다. 한쪽 눈만 정상이면 미국에서는 운전면허를 준다. 한국에서 운전면허를 받으려면 양쪽 눈의 평균치가 필요하다. 그런데 나는 한국에서 운전면허를 받고 운전을 몇 년간 하다가 미국에 들어왔다. 1970년대 한국에서는 운전 학교에서 시력 검사를 하는 직원이 교실에 와서 한 사람씩 자기 시력을 묻고 구두로 대답하는 방식이었다. 그때 내 왼쪽 시력은 1.0이었다. 오른쪽은 얼마냐고 묻기에 얼마를 쓰면 면허를 주느냐고 물었다. 그러자 0.7로 써 주었다. 운전학교에서는 자기 학생이 한 사람이라도 더 합격을 해야 하므로 그렇게 해서 시험을 치르고 면허를 받았다. 그때는 운전하는 목회자가 별로 없었다. 내가 제일 먼저 차를 타고 다녔었다. 나를 보고 이후 조금씩 운전하는 목회자가 늘어날 즘 나는 미국으로 들어왔다.

나는 한국으로 나와서 5년 되던 해에 눈에 탈이 났다. 실명 선고를 받고 고생 중에 수술을 받고 약한 시력으로 간신히 회생했다. 그런데 나에게 실명은 타격이 아니라 새로운 탄생이었다. 눈이 밝은 사람은 이해하기 어려운 말이다. 나는 실명 되기 전에는 눈으로 보는 것 외에 사물을 구별하는 시각이 더 있는 줄 몰랐었다. 그러던 내가 실명 후에 다른 제4의 세계가 있다는 것을 배웠고 깨달았다. 그것은 앞이 캄캄하여 아무 것도 분간하지 못할 때 궁여지책으로 더듬어서 겨우 자기 앞을 가려내는 이야기가 아니다. 나는 앞을 볼 수 없을 때에도 설교를 했다. 밥을 하려다가 밥이 되지 않아서 겨우 죽을 쑤었다는 대리만족이 아니다. 분명히 눈을 감고 설교를 했는데 나도 모르는 원고가 머릿속에서 흘러나왔다. 내가 준비해서 입력시킨 것이 아니었다. 내가 몰랐던 다른 세계였다. 아주 먼 데 있던 세계가 아니라 아주 가까운 곳에 있는 제4의 세계가 있었다는 걸 그때 알았다. '제4'는, 확실한데 검증이 되지 않은 사각지대를 말한다.

분명히 글씨는 볼 수 없었다. 그런데 성경이 눈을 통하지 않고 뇌 속으로 확실하게 들어왔다. 그 말씀 한 구절씩을 기억에 담아서 주일날 설교를 했다. 전혀 흔들리지 않는 말씀의 전달이 그렇게 자연스러울 수가 없었다. 나도 놀랐고 교인들도 놀랐다. 그로부터 매주일 그런 환상적인 설교 시간이 나의 설교 세계를 새롭게 열어 주었다.

시력 장애자는 길을 찾을 때 예민한 감각으로 똑똑 두들기는 기술이 있다. 어쩌면 그것이 눈보다 더 정확할 수도 있다. 일반 사람은 캄캄하면 볼 수 없어도 장님은 두들기는 그 감각으로 찾는다. 나는 설교 준비를 두들겨서 찾았다. 눈으로 찾는 것과 두들겨서 찾는 것에는 차이가 많다. 눈으로 보고 걷는 사람은 쉽게 걷는다. 그러나 두들기는 사람은 대충을 모른다. 확신이 생겨야 걸음을 옮긴다. 설교도 그렇게 준비하면 된다. 눈이 밝으면 책도 펼치기만 하면 된다. 책이 아닌 데서 찾는 공간은 허공이다. 책에 들어 있는 것이 많을까 허공에 들어 있는 것이 많을까. 허공에는 무한한 것이 들어 있다. 다만 찾는 것이 좀 까다로울 뿐이다. 누가 조금만 도와줄 수 있다면 그 무한한 데서 얻기란 아주 쉽다. 돕는 손길을 내 마음대로 할 수 없다는 데 어려움이 있다. 나는 그 손길이 언제 작동하는지 조금 안다. 그 손길은 내가 준비 되었을 때 비로소 움직인다. 나는 그 신세를 지고 있다. 그 손은 내가 요구하는 것을 주지 않는다. 내 요구보다 다른 것을 주기도 한다. 때로는 내 요구를 정확하게 들어 주기도 한다. 그럴 때도 요구보다 더 많이 더 우수한 것으로 나를 놀라게 또는 고맙게 해 준다. 그런 나의 세계를 황당한 자기 변명이라고 하는 사람이 대부분이었다. 그래서 그 증거를 보여 주라고 눈으로 보고 자로 재어도 손색 없는 신실한 그림을 그렸다. 내가 요구한 것은 아니었고 갈망을 하던 것인데 해답을 주었다

그 그림이 거의 완성 되었다. 눈으로 감상하는 그림이 아니고 어떤 공식을 풀어가는 도안이다. 내가 성경을 푸는 공식이 없는지 엉뚱한 발상을 한지 60년만에 그 소원까지 내가 모르는 그 손으로 그려서 보여 주었다. 이 책이 출판될 즈음에 그 책도 만들 계획이다. 너무 쉽고 너무 재미있는 도안이다. 내가 재미있다고 하지만 모든 사람이 다 호응할지 그건 모른다. 그러나 내가 고안하려던 공식과 전혀 닮지 않았다는 것에 권위가 있다. 그리고 신뢰할 만하다. 설교를 60년 동안 꼬박 했으니 할 만한 일이다.

누군가 지금이 어떤 때냐고 내게 묻는다면 나는 역사의 벼랑 끝에

서있는 시대라고 말하고 싶다. 그 누가 말을 해도 듣지 않는다. 혹 잘 듣는 것 같아도 듣는 척해 주는 것일 뿐이다. 스승의 말, 부모의 말, 지도자의 말은 듣는 세상 이라면 세상이 이렇게 치닫지는 않을 것이다. 귀를 열고 말을 잘 듣기로는 그래도 교회가 좀 앞서지 않을까 싶다. 교회에서는 "들으아" 또는 "귀 있는자는 들으라"고 한다. 교회는 명령을 듣는 것을 신앙의 원칙으로 삼는다. 그리고 그런 것을 실천하면 신앙인이라 불러준다. 듣지 않으면 끝이다. 아무 것도 상대할 여지가 없다. 그래서 교회에 가려면 귀를 가지고 가야 된다.

귀 없는자는 교인이 될 수 없다. 설교의 90퍼센트 이상은 그런 내용이다. 그러면 교회에 다니는 사람은 듣는 데 익숙하고 정숙한가. 듣고 듣고 또 듣고도 늘 그렇다면 귀가 문제일까 마이크가 문제일까. 마이크보다 귀가 문제일 것이다. 귀의 주파수가 문제다. 교회가 아무 것도 하지 않는다는 뜻이 아니다. 말을 듣는 것만큼 달라지지 않는다는 뜻이다.

그래서 지금은 듣는 척하는 만성적 불감 시대다. 그런 중에 말을 잘 안 듣는 쪽은 교인이 아니라 목사가 아닌가 싶다. 내가 목사를 꼬집는 것이 아니라 성경이 그렇게 기록하고 있다. 목사는 알 만큼은 다 안다. 배울 만큼 다 배웠다. 보고 듣고 할 만큼 다 해봤다. 교회에서 목사는 아무도 이기지 못한다. 하나님도 목사에게만은 관대하지 않는가 싶을 때가 있다. 간혹 교회에서 사고를 치는 목사들이 있다. 사고를 치는 목사는 제법 자신이 능력이 있는 줄 착각을 한다. 사고를 쳐놓고 큰소리치면 큰 돈으로 타협을 한다. 돈으로 사건이 수습이 되면 한탕 한 것처럼 으스대기까지 한다. 그러고도 별로 죄책감이 없어 보인다.

그런데 사고를 치는 목사가 따로 있는 것이 아니다. 목회가 정상적으로 되지 않을 때 편법을 쓰는 것이 바로 사고를 치는 것이다. 목사가 왜 반칙을 하고 편법을 쓸까. 엄연한 불법인 걸 왜 모를까. 목사는 하나님의 종이다. 그 배경 때문이다.

그렇지 않고서야 어떻게 세상을 놀라게 하는 일이 이다지도 많이 생길 수 있는가. 사람들 목사라고 하면 무조건 신뢰하는 것도 문제가 생기는 데 한 몫을 한다. 그래서 목사가 자기 관리를 소홀히 하게 되면 누구보다도 위험할 수가 있다. 목사는 좋은 소리만 하고 좋은 소리만 듣는다. 그래서 쉬이 면역성이 가장 낮고 무방비 상태로 노출된다. 아첨하는 소리와 친절을 구별 못해서 생기는 일이다. 그래서 목사는 사기를 많이 당한다. 나 역시 예외가 아니다.

목사는 귀가 두꺼워도 안 되고 얇아도 안 된다. 오직 정직한 귀가 있는 목사가 참 목사다. 물론 이 말에 해당 되지 않는 목사가 더 많을 것이다. 그런 목사라면 걱정하지 않아도 될 일이다. 그런 목사는 나의 글을 읽어도 되고 버려도 상관 없다. 문제는 이런 글을 읽고 흥분하는 사람이다.

흔히 목사를 주의 종이라고 말한다. 그런데 요즘은 목사가 누구의 종인지 분간이 잘 되지 않는다. 때로는 돈의 종이 아닌가 싶은 목사도 있다. 참 목사는 교회를 시무하다가 떠나기도 한다. 모든 목사는 교회를 시무한 숫자만큼 떠난 숫자도 비례한다. 잘 들어가는 목사보다 잘 떠나는 목사가 더 훌륭한 경우가 많다. 요즘은 떠나라고 하면 돈을 요구하는 경우도 왕왕 있다. 그렇지 않으면 교회가 나뉘거나 볼썽 사나운 일로 번지기까지 한다.

이런 비극을 옛날 목사들은 상상을 못했다. 그런데 지금은 무슨 유행처럼 되버렸다. 교회를 오래 시무했다고 많은 퇴직금을 요구하기도

하는데, 오래 시무한 것은 자랑할 일이 아니다. 훌륭한 목사, 능력 있는 목사, 착한 목사는 오래 시무하지 않는 법이다. 초대 교회로부터 목회자가 교회에 오래 머무르는 것은 두가지 형태였다. 첫째는 좋으니까 놓기 싫은 것이고, 잘 되니까 남에게 주기 싫은 것이다. 둘째는 오라는 데가 없어서다. 오라는 곳이 지금보다 조건이 나빠서다. 문제는 목사들의 그런 가치관이 교회를 부패하게 만든다. 목사만 적당한 기간에 적당한 간격으로 교체가 되었다면 모든 교회가 목사를 우러러 보았을 것이다. 사례비를 조건부로 요구하는 목사나 거기에 응답하는 교회, 모두가 문제다. 그런 경우의 공통점은 목사 부임 후 교회가 부흥이 되었다는 것이다. 다르게 말하면 소득이 늘었다는 것이다. 물론 그런 말도 목사 자신이 강조하는 말이며 객관적인 판단은 아니다. 그러나 교회는 교인이 부흥의 주체다. 목사는 중심 역할이다. 교회 소득은 교인의 헌금이고 목사가 중요한 역할을 했으니 그런 부분에서 자기 수입처럼 생각하는 오류를 만들어낸다. 그러나 목사는 자기 할 일을 한 것뿐이다.

목사는 교회를 흥하게 하기도 하고 망하게 하기도 한다. 그런 위험 때문에 절실한 각성이 요구된다. 목사가 끝 없이 배우며 갈고 닦는 것을 누가 뭐라 하겠는가. 그것으로 자기 만들기를 계속해야 한다. 그런데 그것을 자랑하고 허세를 부리는 것은 주의 종이 아니할 일이 아니다.

예수님이 지도자를 왜 소경이라고 했는지, 그것을 이해하면 참 목사라 할 것이다. 항상 그 자리에서 같은 모습으로 서 있는 나무는 죽은 나무다. 가짜 나무다. 살아 있는 나무는 늘 새롭게 변하고 아름답다. 목사가 늘 같은 모습이라면 이미 죽은 나무인 것이다. 목사의 변화만큼 교인의 삶에도 변화가 오고 그래야 교회도 모습이 변한다.

어제와 오늘이 달라야 그것이 살아 있다는 증거이다. 책을 읽는 만큼 깨어야 하고 깬 만큼 달라져야 참 그리스도인이다. 달라지는 것만큼 행복해야 하고 행복한 만큼 사람을 얻는다. 아무 변화도 없는 삶은 시간을 갉아 먹고 자기 스스로를 묻어 버리게 된다. 하나님의 좋은 하나님께 배운다. 그리고 하나님께 듣는다.

설교는 하나님의 소리가 아니다. 설교는 하나님의 소리를 듣게 하는 감각을 키우는 것이다. 목사가 자기 설교를 하나님의 소리라고 말한다면 그것은 엄연한 사기다. 설교는 엄격하게 말하면 목사의 소리다. 성경을 가지고 자기의 실력을 동원하여 하나님의 뜻을 해석하고 전달하는 연설이다. 하나님의 소리는 그렇게 복잡할 것이 없다. 그렇게 장황하게 설명하지 않아도 충분하다.

성경은 읽고 공식적으로 풀어낼 때 정답이 나온다. 그것이 성경 공식이다. 나는 그 공식을 평생 찾고 찾았지만 찾지 못했다. 그러다가 최근에 그 공식을 만들었다. 눈이 밝을 때는 아무리 찾아도 힌트도 잡지 못했던 것을 실명 후에 나도 설명할 수 없는 실물을 내어놓게 되어 놀랍고 감사했다. 많은 사람의 호응을 받았으면 좋겠지만 그런 일은 일어 나지 않을것 같다. 지금은 그럴 때가 아니다. 믿고 말고는 내가 걱정 할 일도 아니다.

공식이 없어도 정답이 나올 수 있을까? 성경은 지혜롭고 슬기 있는 자들에게는 그 비밀을 숨겨 놓는다. 하나님이 숨겨 놓은 것을 누가 감히 찾는단 말인가.

'옳소이다. 이렇게 된 것이 아버지의 뜻이니이다.'

그런데 어린 아이들에게 나타내신 것을 감사한다고 했다. 나타내 주고 싶은 '아이들'이 누굴까? 아이들 같이 보이는 사람, 아이들 같이 생각을 하는 사람, 아이들 같이 순수한 사람, 보여 주고 싶은 마음을 움직이는 사람이면 된다.

나는 어린 아이가 아니나 어린 아이를 닮은 데는 있다. 좀 멍청하고 좀 허약하다. 좀 미숙하고 좀 겁쟁이다. 공격은 못하고 방어는 안 된다. 누가 무시해도 대책이 없고 비난을 해도 상관 않는다.

아이는 불쌍하다. 하나님께서 나를 불쌍하게 봐 주시면 나는 아이가 된다. 덕분에 내게 상당히 많은 것을 보여주신 것을 기록해서 보관하고 있다. 날짜와 시간까지 상세하게 적어 둔 성경 바로 풀기 '성경 도식'. 이 책을 위해 정말 멀고도 험한 길을 눈을 잃고 헤메다가 찾았다.

나를 담임 목사처럼 10년 이상 붙잡고 놓아 주지 않는 이 교회를 나는 사랑한다. 언제 그만 두게 될지 나도 모르고 교회도 모르지만 우리 부부가 노래처럼 부르는 것이 있다. '그만 두게 하소서.'

기도를 다르게 할 수밖에 없었다. 나의 처지가 다른 사람보다 턱없이 열악했고, 현실은 무슨 설명이나 변명, 비결을 설명해야 했다. 아무 말도 하지 않으면 속임수가 있는 줄 오해를 살 만한 처지였다. 그런 생각을 하던 중에 답을 얻은 것이 '어머니 기도학'이었다.

나의 어머니는 여느 어머니와 다른 점이 별로 없는 평범한 시골 여성이었다. 그런데 한 가지 다른 점이 있었다. 생각하는 것이 조금 달랐다. 생각이 조금 앞서 가는 것이라고 말하면 될 것 같다. 아니면 조금 새롭게 생각하는 지혜가 있었던 것 같다.

우리 마을에는 큰 과수원이 있었다. 일본 사람이 만든 수익성이 높은 사과를 생산하는 기업이었다. 규모며 운영이며 관리가 체계적이었다. 마을의 인력을 적재적소에 투입하고 균형 있게 활용했다. 당번제로 시간을 나누어 기용했다. 동민들의 빈 주머니를 채워 주는 배려로 생계를 도와주는 역할을 했다. 집집마다 그 과수원에 다니지 않는 사람이 없었다. 일한 만큼 돈을 벌어 쓰는데 싫어할 사람이 없었다. 나의 어머니도 다른 집과 같이 그 과수원의 일꾼이었다.

겨울 철에는 농장에 할 일이 없었다. 그래서 다른 회사에 일감을 얻어서 그 수입을 생활에 보탰다. 그 회사는 직물회사였다. 일의 능률을 위해서 일감을 집으로 갖다 맡겼는데, 집에 앉아서 일하고 월급도 어김 없이 집으로 배달을 해 주었다.

어머니가 농장에 다닐 때 있었던 일이다. 과수원에는 벌레가 먹어서 상품 가치가 떨어진 사과는 싼 값으로 일꾼들에게 팔았다. 거기서도 팔리지 않는 폐물은 누구나 가져가도 상관하지 않았다. 어차피 버리기 때문이다. 조금씩 남은 살을 칼로 도려내어 먹으려고 가져가는 사람도 있었다. 그런데 어머니는 완전히 썩지만 않은 사과는 모조리 거둬서 가져왔다 그걸 깨끗이 씻고 살은 빚어내어 죽을 쑤었다. 걸죽하게 되면 설탕을 조금 넣고 식힌다. 조금 있으면 떡이 된다. 그 사과 떡은 그 당시에 아무도 만들지 못했다. 그것이 요즘은 애플 파이라는 것이다. 그 옛날에 어디서 본 적이 없는 맛있는 간식을 만들었던 어머니였다. 교복도 손수 만들었고 뜨개질도 색다르게 했다. 남들이 하는 것을 흉내내지 않고 한 발 앞서서 연구하면 얼마든지 새 것을 입을 수 있다. 우리 어머니는 평범한 반찬 한 가지도 끼니 때마다 조금씩 다르게 했다. 실증나지 않게 먹이는 솜씨를 발휘했다. 나도 어머니의 창의력을 닮았다. 무엇이든지 다시 생각해 봤다. 무엇이든지 더 나은 것이 있는지 살폈다. 그런 것을 게을리하지 않고 끊임 없이 계속하고 반복하고 실험하는 동안에 터득한 것이 퍽 많이 있다.

　후배 목사가 미국에서 공부를 마치고 사역을 하던 중에 한국으로 돌아 간다고 연락이 왔다. 떠나기 전날 저녁을 대접하여 한국 가는 길을 축하했다. 그렇게 헤어지면 언제 다시 만날 기회가 올지 알 수 없었다. 마지막 만남이 될지 몰라서 나의 이상 세계를 소개하고 질문 하나를 던졌다. 가나 혼인잔치를 설교한 적이 있느냐고 물었다. 그러자 한 번 한 것 같다는 대답이 돌아왔다. 나는 한 번밖에 하지 않았느냐고 재차 물었다. 그는 그렇다고 대답했다. 나는 그 한 본문으로 이십 여 차례 설교를 했다고 말했다.

　모든 성경은 하나님의 말씀이다. 그 말씀은 충만한 은혜로 가득차 있다. 그러므로 무한한 설교가 가능하다. 어떤 성경도 한 가지 뜻 뿐이라면 하나님의 말씀이라고 할 수 없다. 후배는 비결을 적어서 달라고 청했다.

　옛날 친구 중 한 명은 감자를 무척 좋아했다. 자기는 감자가 밥보다 더 맛있다고 했다. 그런데 그는 찐 감자밖에 몰랐다. 감자는 쪄서 먹는 것 외에도 먹는 방법이 많이 있다. 나도 감자를 맛있게 먹는 여러 가지 법을 알고 있다. 성경은 감자보다 수십 배 더 많고 맛있는 설교를 만들 수 있다. 나는 새 것이 아니면 설교하지 않으려고 했다. 하나님의 말씀이 살아 있다고 믿는다면 새롭지 않은 것이 비정상이다. 얼마든지 새롭게 보여야 정상이다. 쓰던 원고를 꺼내서 재탕하는 설교는 태만한 증거다. 잘못 찾으니까 없는 것이다. 그렇지 않아도 되는 방법은 얼마든지 있다. 그러나 새 것을 깨닫는 것이 얼마나 고귀한 것을 알게 될 날이 올 것이다.

✱ 실명은 타격이 아니라 새로운 탄생이었다.
실명 되기 전에는 눈으로 보는 것 외에 사물을 구별하는 시각이 더 있는 줄 몰랐었다.
실명 후에 다른 제4의 세계가 있다는 것을 배웠고 깨달았다.

떠난 사람 자리는 깨끗해야 한다

· · · · ·

다음 날부터는 짐정리를 했다. 학교 금고에는 교회에서 주는 퇴직 적금이 쌓여 있었다. 나는 그것부터 정리했다. 찾아갈 줄 알았겠지만 통장과 도장을 돌려주면서 모두 학교 발전에 쓰라고 넘겼다. 나는 퇴직금 같은 것 없이 일상적으로 살고 싶었다. 나의 평생에 그런 소신을 지키려고 무던히 노력했던 것도 사실이다. 그리고 내 소유의 서적은 모두 학교 도서관에 기증했다. 목회가 끝난 이상 목회 자료는 모두 나눠주고 흩어 버렸다. 주소록 수첩 등은 일절 다 소각하여 처분했다. 전화 번호부까지도 모두 없앴다.

은퇴 후에는 무에서 시작하고 싶었다. 몸에 끈적이는 것은 모두 청산 했다. 내가 쓰던 생활 도구와 음향 시설만 남기고 모두 나눠 주었다. 후임이 왔을 때 불편이 없도록 필요한 것은 상점에 새 것을 주문해서 발송시켰다. 떠난 사람 자리는 깨끗해야 한다. 그 동안 받아서 먹고 받아서 살았으니 무엇을 더 받으려고 하면 추할 뿐이다. 다 주고 가는 것이 떠나는 사람의 도리라 생각했다.

대학으로 가다

어머니 타워와 기도학

　내가 사역지를 대학교회로 옮긴 것과 귀향민 촌 교회 시절에 지휘자 S군과는 간접적이긴 하지만 사연이 있다. S군은 가곡 콩쿨에서 1등을 하고도 교만하지 않고 항상 착하고 성실했었다. 누구에게나 희망을 주는 형님 같은 청년이었다.
　해맑은 용모와 속이 깊은 정서가, 젊은 어른이었다. 그는 대학 졸업, 공군 입대, 공군 제대, 대학원 진학 등으로 쉴새 없이 바쁘게 살았다. 그런데 한번 크게 기지개도 펴 볼 사이 없이 가혹하기 짝이 없는 생명을 노린 복병이 엄습했다. 청천벽력처럼 당시에는 들어본 적도 없던 급성 백혈병을 만나게 된 것이다. 병마와 맞서서 싸워 볼 틈도 없이 병 진단을 받은지 얼마 지나지 않아 스물 일곱 꽃다운 청년의 목숨을 앗아갔다. 그는 떠났으나 그의 마음은 늘 우리 곁에서 웃고 노래하고 이야기를 나눴다.

천사 S군은 죽기 전에 자기가 갈 길을 다 알고 있었다. 각오를 한 탓인지 너무 편하게 많은 이야기를 나누었다. 조금도 슬퍼할 틈도 주지 않았다. 위로하러 왔던 친구가 오히려 위로를 받고 돌아가기도 했다. S군이 슬퍼할 줄 몰랐을 리가 없다. 그렇게 감정이 둔한 젊은이가 아니었다. 그는 친구들과 교우들에게 유언처럼 일일이 할 말을 남겼다. 좀처럼 볼 수 없는 큰 선배 같은 성숙한 모습이었다. 그는 자기 주검과 싸우고 있는 듯하였다.

　특별히 자기 어머니를 많이 위로했다. 하루는 어머니에게 자기가 떠날 때 너무 슬퍼 말라며 부탁을 했다. 지금 자기가 누워 있는 침대가 후배 것인데 그것을 깨끗이 돌려줄 것을 어머니에게 부탁하여 안쓰러웠다. 그러면서 조금 후에 자기를 침대에서 내려 달라고 했다. 자기가 침대에서 죽으면 침대 임자에게 미안하다는 것이었다. 사람이 죽어나간 침대를 누가 좋아하겠느냐며 그날 오후에 침대에서 내려와 어머니 무릎을 베고 숨을 거두었다.

　그는 자기가 떠날 시간을 앞두고서도 정신이 맑고 깨끗했다. 그리고 조금도 조급한 기색 없이 할 말을 조근 조근 일러 주었다. S군이 나를 부른 날이 마지막인 줄은 몰랐다. 나는 그가 며칠은 더 버틸 것으로 생각하고 있었다. 그래서 그와 마주 앉아 있어도 그것이 마지막 인사인 줄 알지 못했다. 우정이 두텁고 예의가 바른 그는 그런 와중에도 남기고 싶은 마지막 인사를 위해 나도 잊지 않고 불렀다.

　그는 태연한 채 하며 위트로 말문을 열었다. 그 날 아침 나는 기도원에서 돌아온 길이었다. S군은 자신을 업고 내리던 청년이 버스 계단에 신발이 걸려서 넘어졌다고 했다. 두 사람이 함께 굴렀는데 그 몰골이 말이 아니었다. 그런 꼴로 쓰러져 있을 때 거지같은 자신을 구경 시켰다고 했다. 그는 그 모습이 얼마나 처참하던지 본인이 살아서 느껴 본 가장 진실한 자신을 본 것 같다고 했다. 거지보다 더 불쌍한 인생의 실상을 처음으로 확인했노라며 큰 소리로 웃었다. 그런 꼴은 꼭 한 번 당해 볼 만한 가치가 있다고 말했다. 그러고나서 나에게 고맙다는 인사를 했다. 많은 목사를 보았으나 나의 설교를 들을 수 있어 좋았다고 했다. 그는 성경 본문을 미리 보면 예상되는 설교의 내용이 있는데 나의 설교는 항상 예상과 다르다고 했다. 어떤 때는 자신이 예상했던 내용과 정반대 쪽으로 갈 때도 많더라고 했다. 자신은 그것이 좋았다며 내게 '앞으로 더 발전 하려면 대학 일 학년으로 돌아가라'는 주문을 했다. S군이 나에개 유언처럼 남긴 마지막 말이었다.

나는 잠시 당황했었다. 그는 생각이 늙으면 방법이 없다며 용감하게 다시 대학 일 학년으로 돌아갈 수만 있다면 발전은 보장 된다는 말을 남겨 주었다. 젊은이의 머리에서 어떻게 그런 말이 나오게 되었는지 이해가 되지 않았지만 옳은 말이었다. 당시 나는 늙지 않은 나이였다. 그러나 S군은 낡은 것을 죽은 것이라며 나에게 대학 1학년으로 돌아 가기를 바랐다. 나를 무한한 가능성이 있는 말 같아서 늘 마음에 품고 살았다.

의사의 예고 대로 그는 6개월을 넘기지 못하고 우리 곁을 떠났다. 그리고 나는 세월이 흐르고 대학으로 내려갔다. 서울에서 대전으로 가려면 하행을 한다. 나는 S군의 말대로 대학 일 학년 눈높이에 맞는 설교를 해야 했다. 그들과 학생들과 함께 학교 생활을 하기 위해 늙은 탈을 벗어 던져야 했다.

나는 그런 각오로 대학에 갔다. H대학은 기독교 정신으로 인재를 양성하는 대학이었다. 설립자가 투철한 신앙인으로 대학에 앞서 여자고등학교를 먼저 세운 재단의 리더였다. 여학교부터 세운 이유가 있었다. 교육은 인간을 깨운다. 인간은 어머니의 지혜가 압권이다. 그래서 여자고등학교를 제일 먼저 만들고 그 다음에 여자중학교를 만들고 다음에 대학을 만들었다. 대학을 만들 때도 간호학과부터 설립했다. 그런 이유로 설립자는 여성의 교육을 강조하는 선구자이기도 했다. 자기를 길러준 어머니를 기념하여 설립한 것이 대학이었다. 누구에게나 교육은 중요하다. 그러나 설립자는 어머니에 대한 효심이 특별했고, 모든 힘을 모아 여성 교육에 바쳤다.

나라가 잘 되고 세상이 좋아지려면 여자가 교육을 받는 것이 중요하다고 생각했다. 남자는 일하는 일꾼이다. 여자는 자식을 낳고 사람을 다듬는 기술과 힘이 있다. 여성은 아내가 되고 그 다음엔 어머니가 된다. 모든 사람은 어머니가 하기에 달렸다.

나도 여성 예찬론자다. 그 교육 재단을 창설한 분은 사업가로서 성공하여 오로지 교육에 전력을 쏟은 신앙인이었다. 대학의 교육 이념도 기독교적 인재, 정신이 건강한 사회 지도자 양성에 각별히 신경을 쓰면서 투자를 했다. 그러한 목적을 달성하기 위하여 대학의 교양과목으로 성경을 채택했다. 모든 학생을 성경을 통한 인성 교육을 받게 하고 매주 1회 채플 시간을 두어 필수 과목으로 이수하게 만들었다. 만일 채플을 통과하지 못하면 졸업을 할 수 없게 했다.

그러나 학생들의 절대다수는 비기독교인이었다. 성경을 좋아하는 학생은 거의 없었다. 그런 악조건을 극복하고 성경을 가르치고 채플 시간을 인도해야 하는 책임을 내가 맡게 되었다. 소속은 교목실이었다. 교양과목은 선택이 아니라 필수다. 채플도 필수다. 그러나 두 가지 모두 인기 과목은 아니였다.

어쩔 수 없이 강요 받아 들어온 학생들을 향해 채플 시간을 이끌어 가고 설교를 하기란 어렵고도 죄송한 일이다. 학생들이 들으려고 하지 않기 때문이다. 그들은 시간만 보내면 된다. 자기들끼리 이야기하면서 시간만 보내는 것이다. 그래서 강당은 항상 시끄럽고 소란했다. 교수들은 장내 분위기 때문에 중간 중간에 끼어 앉아 단속을 하느라 진땀을 흘렸다. 그러나 비싼 학비를 내고 재미 없는 시간에 앉아 있으라고 강요받는 아이들에게 나는 미안했다. 그렇게라도 선한 것을 경험시키는 것은 좋은 일이나, 나는 그 채플 시간이 두려웠다. 알아 듣기 쉽게 설명해야지, 지겹지 않고 재미 있게 해야지, 졸지 않도록 짧게 해야지. 그러나 그렇게 하기란 쉽지가 않다.

대학교회에서의 설교는 어렵지 않았다. 어떻게 해서라도 극복하려고 최선을 다했다. 매주 월요일은 교직원 채플 시간이었다. 교회에서는 하루 전에 설교를 들었는데, 다음 날 같은 설교를 듣기가 싫을 수도 있어서 아주 다르게 전했다.

교수든 직원이든 다 직장에 와서 설교 듣는 것은 부담이 될 것이었다. 그런 사람들에게도 생각할 만한 좋은 설교를 할 수 있다면 휴식이 될 수도 있을 것 같아 그만큼 유효적절하게 해 보려고 피나는 노력을 했다. 학생, 교수, 직원 여러 관계 직장인, 그리고 천차 만별의 다양한 교인들에게까지 설교에 대한 실망은 내가 자폭하는 것으로 알고 힘을 다했다. 거기가 나의 마지막 목회지였다. 거기서 은퇴하면 설교가 하고 싶어도 할 곳이 없었다. 내가 하고 싶다고 시켜 줄 사람이 있는 게 아니었다. 설교는 내 일생 거기서 끝나게 될 것이었다. 고맙기가 짝이 없는 그 대학에 최선의 보답을 하려고 노력했다. 그래서 필요 이상 과분한 대우는 더욱 사양했다.

눈을 완전히 잃었다 해도 청빈했을 거라던, 나를 데리고 간 학교 설립자의 말은 조금도 빈말이 아니었다. 학원 대표인 그분의 아들은 전국 최고의 목사로 나를 대우해 주었다. 함부로 나다니기가 송구스러 정도의 좋은 자동차도 마련해 주었고, 덕분에 외출은 삼갔다. 다른 사람의 이목 때문에 내 직무 외에 다른 사적인 외출은 억제하면서 체면을 지켰던 셈이다. 목사가 들어서 안 될 말이 고급, 사치, 허세, 오만 등이다. 나는 어떤 모임에도 나가지 않으려고 절제했고, 어떤 조직에도 가담하지 않았다. 원한다면 회원으로 받아 줄 품위 있는 단체는 많았다. 그러나 평범한 목사 자리가 내 자리였고 그 자리가 잘 어울리는 자리였다.

미국에 있을 때 나는 몇 년이 걸려 종교교육 박사 학위를 받았다. 필라델피아에 소재한 훼이스 신학교 맥킨타이어 박사가 총장으로 있을 때였다. 50회 졸업식에서 맥캔타이어 총장으로부터 직접 학위를 수여받았다. 그러나 학교는 총장 생존까지만 건강했다. 그가 서거하자 학교는 기울기 시작하여 산산조각이 나고 말았다. 아름답고 품위 있던 학교는 세계 어디에 내놓아도 손색 없는 캠퍼스를 지킬 사람이 없고 보존할 힘이 없어서 역사에서 자취를 감추었다. 아직도 그 당당하던 이름은 그 학교 출신의 사람들이 명맥을 유지하는 것 같다.

목사에게는 별로 쓸모가 없는 명예였다. 학위 수여식 때 입었던 가운은 갖고 다니는 기념품에 불과했다. 그러나 그때 받은 학위와 가운은 대학교회로 온 이후 아주 적절하게 쓰였다. 큰 행사에는 교목실장이 빠지지 않게 되어 있다. 그럴 때 그 가운의 효과는 적절했다. 만일 그런 것도 없었더라면 미국에서 왔다는 말은 별 의미가 없을 뻔 했다. 어느 것 하나도 쓸데 없이 하게 하신 일은 없었다. 무슨 일 한 가지도 허망한 것은 아니었던 것을 그때 새삼 깨달았다. 나에게 있어서 그 대학은 결정적 '빛'이었다.

최근 몇 년 동안 신학교에서 강의를 했다. 대학과 대학원에서는 년중 행사가 많았다. 그 때마다 교수 소개는 빠지지 않는 메뉴였다. 그런 자리에서 나는 대학에서 교목실장을 지냈다는 소개가 의미 있게 보여서 좋았다.

학교마다 특색이 있고 자랑이 있다. H대학도 예외는 아니었다. 그 학교에는 어느 어머니를 기념하는 H타워가 서 있다. 미국 후버 대통령이 자신의 모교에 세운 후버타워와 똑같은 설계로 지은 것이다. H타워는 설립자가 자신의 어머니와 모든 어머니를 기념하기 위해 세웠다고 한다. 네덜란드 왕립 종 제작소인 페티트앤프리센사(Royal Bellfoundry, Petit & Fritsen Ltd)에서 21개월에 걸쳐 주조한 78개의 청동종이 설치돼 있으며 가장 낮은 음을 내는 10톤의 대종을 포함해 전체 종의 무게가 50톤을 넘었다. 타워 정상에 있는 가장 큰 종에서 아침과 저녁에 울려퍼지는 아름다운 음악 종 소리는 감동이 있다. 마치 듣는 사람의 마음을 어머니처럼 쓰다듬어 주는 듯한 감동이 전해져 왔다.

떠나기 싫어도 떠나야 할 정년이 다가왔다. 1934년 12월 6일 생인 나는 2003년 12월 6일에 일흔 살이 되었다. 만으로 계산하면 일년 더 연장할 수 있었으나 나는 평생 만으로 나이를 헤아린 적이 없었다. 한국 식으로 70이 맞고 좋았다.

은퇴는 하루도 연장하지 않고 2003년 12월 6일자로 하였다. 며칠 더 있겠다는 욕심은 부끄러운 수치가 될 위험으로 느껴졌다. 그래서 내가 미리 못을 박았다. 아무 의논도 하지 않았지만 그렇게 맞아 들어갔다. 나의 목회 마지막이 되는 주일을 기억에 남게 하고 떠나고 싶었던 나는 그 마지막 주일에 나만 할 수 있는 설교를 준비했다. 교인들도 마지막 설교를 어떻게 할 것인지 기대했을지 모른다. 그렇게 할 설교가 꾀 많았다. 해 두고 갈 이야기도, 남기고 싶은 설교도, 그 동안 하지 못했던 쓴 소리도. 할 얘기가 많았다. 그런 저런 생각 끝에 좋은 결정을 했다. 교인들의 바라보는 얼굴 빛이 유난하게 밝았다.

단상에서 교인들을 둘러 보면서 침묵했다. 무슨 말로 시작할지 긴장 속에 멈췄을 때 "오늘은 설교가 없습니다."라고 말했다. 할 말이 없는 것이 아니었다. 말을 하기 싫은 것도 아니었다. 말이 잘 나오지 않는 것도 아니었다. 그런데 내가 아니면 절대로 못할 설교가 이것 뿐이지 싶었다. 우리는 아무 거리낌 없이 살았다. 이별은 서운했다. 그러나 장장 70년 정년을 건강하게 마감하는 것은 장한 일이었다.

예배에서 설교는 그 비중이 가장 크다. 설교가 없으면 그 긴 시간에 문제가 생긴다. 그런 때 할 수 있는 것이 찬양이다. 나는 지휘자에게 좀 긴 찬양을 할 수 있겠느냐고 물었다. 지휘자는 다시 반주자에게 물었고, 가능하다고 대답이 왔다.

찬양대는 전교인이 좋은 찬양을 듣도록 배려해줬다. 나도 서서 들었다. 교인들은 확실히 설교 시간보다 더 많은 생각을 하고 있었다. 외

그랬을까? 무슨 메시지를 전하고 싶은 것일까? 별별 생각을 한 것 같았다.

다음 날부터는 짐정리를 했다. 학교 금고에는 교회에서 주는 퇴직 적금이 쌓여 있었다. 나는 그것부터 정리했다. 찾아갈 줄 알았겠지만 통장과 도장을 돌려주면서 모두 학교 발전에 쓰라고 넘겼다. 나는 퇴직금 같은 것 없이 일상적으로 살고 싶었다. 나의 평생에 그런 소신을 지키려고 무던히 노력했던 것도 사실이다. 그리고 내 소유의 서적은 모두 학교 도서관에 기증했다. 목회가 끝난 이상 목회 자료는 모두 나눠주고 흩어 버렸다. 주소록 수첩 등은 일절 다 소각하여 처분했다. 전화 번호부까지도 모두 없앴다.

은퇴 후에는 무에서 시작하고 싶었다. 몸에 끈적이는 것은 모두 청산 했다. 내가 쓰던 생활 도구와 음향 시설만 남기고 모두 나눠 주었다. 후임이 왔을 때 불편이 없도록 필요한 것은 상점에 새 것을 주문해서 발송시켰다. 떠난 사람 자리는 깨끗해야 한다. 그 동안 받아서 먹고 받아서 살았으니 무엇을 더 받으려고 하면 추할 뿐이다. 다 주고 가는 것이 떠나는 사람의 도리라 생각했다.

한국에서는 좀처럼 볼 수 없는 어머니 기념 타워를 더 볼 수 없게 되어 마지막으로 보고 가기 위해 가장 잘 보이는 위치를 찾았다. 누가 큰 소리로 거기서 뭘 하느냐며 당장 나가라고 고함을 질렀다. 고개를 돌려서 보니 정문 수위였다. 평소 내가 출근을 할 때는 거수 경례를 했는데 그날은 걸어서 갔더니 나를 보고 호통을 쳤다. 나는 차보다 못했다.

이미 내가 보려했던 타워는 실컷 본 뒤여서 조용히 내려왔다. 항상 높다랗게 바라 보던 곳에 나의 어머니도 함께 계시다는 생각을 했다. 나는 재력이 없어 타워를 세울 수는 없지만 책 『어머니 기도학』을 통해 어머니 타워로 삼겠다는 생각을 했다. 높은 전망대를 우러러 보는 어머니는 얼마나 아들 복이 크신가 싶다. 그러나 높게 바라볼 수 없지만 손에 들고 어머니를 생각할 수 있는 책으로 충분히 만족하실 나의 어머니임을 나는 잘 안다. 그 어머니를 기린다.

※ 여자는 자식을 낳고 사람을 다듬는 기술과 힘이 있다.
여성은 아내가 되고 그 다음엔 어머니가 된다. 모든 사람은 어머니가 하기에 달렸다.

우리 주 예수 그리스도의 계시를 받았던
그 굴에 서려있는 소리를 들었다

••••

밧모섬은 멀고 먼 외로운 섬이다. 요한이 밧모섬에 간 것은 본인의 뜻이 아니었다. 누구도 요한이 그 섬에 가게 될 줄 몰랐다. 심지어 요한을 그 섬으로 유배시킨 당사자들도 그 섬에 도착하기 전에 요한이 죽을 줄 알고 미리 장례를 치렀다. 그러나 그런 상상을 깨고 요한은 죽지 않고 그 섬에 도착했다. 몸을 의탁할 방 한 칸도 없었다. 겨우 토굴 안에 몸을 맡겼다. 혼자서 기도하기에 좋은 공간이었다. 그는 밤과 낮이 구별 되지 않는 그곳에서 아주 아주 깊고 깊은 기도를 하게 되었다. 그런 중에 살아계신 주님이 그 굴에 나타나셨다.

요한계시록의 배경이 된 그곳에서는 인공으로 만들어 놓은 어떤 기념물도 찾아볼 수 없다. 그래서 밧모섬은 명소다. 나는 사도 요한이 한동안 살았고 우리 주 예수 그리스도의 계시를 받았던 그 굴에 서려있는 소리를 들었다.

십 년 공부 남은 숙제

은퇴는 실직이 아니라 노력에 대한 삶의 보상이다

사람은 일을 통해 사람 노릇을 한다. 그리고 각기 자기가 하고 싶은 일을 하면서 살게 되어 있다. 다행히 자신이 하고 싶은 일을 하는 사람은 일이 지겹지 않으니 따로 놀고 싶지 않을 수도 있을 것 같다. 나 같은 목사는 50년간 같은 일을 하다 보니 하는 일에 익숙하다. 별로 힘이 들지 않고 어렵지도 않다. 다만 나이가 많아서 체력의 한계 때문에 일에 능률이 준다. 완성도에도 차질이 생긴다. 그런 이유로 제도적 장치가 불가피하다. 그래서 생긴 것이 정년제라는 것이 아니겠는가. 아무리 건강이 좋아도 정년이 되면 자동적으로 퇴직을 하게 된다.

은퇴는 실직이 아니라 노력의 보상이다. 아무 간섭도 받지 않아서 자기가 하고 싶은 일을 찾아서 하면 되는 자유의 선언이다. 다만 조건이 허락 되는 범위 안에서 노력을 하면 좋은 결과를 기대해도 될 것이다. 세계에 유수한 불후의 명작은 주로 나이 여든에 탄생한다는 설도 있다.

　내가 은퇴 후 처음 할 수 있는 일은 공원에서 산책하는 소일 뿐이었다. 노인은 누구를 도와주려고 해도 받아 주는 곳이 없었다. 간혹 노인도 자원 봉사를 하는 곳이 있지만 찾기가 어려웠다. 마침 시니어 센터에서 내게 주 1회 노인들을 대상으로 교양 강좌를 해달라고 봉사를 요청한 적이 있었다. 그런데 잠시 하다가 중단하게 되었다. 나는 봉사가 즐겁고 좋았다. 그런데 시력 관계로 직접 운전을 할 수 없는 상황에서 나를 데려다 줄 사람이 봉사할 수 없게 되어 불가 불 그만 두게 되었다. 다른 방법을 찾아 보았으나 길이 없었다. 아무 일도 하지 않고 지낸다는 것이 노인들에게는 휴식이 아니었다. 무슨 일이라도 하면서 놀아야 쉬는 것이다. 그렇지 않으면 마치 형벌 받는 사람 같을 수도 있다.

　그렇게 지내다 보니 모든 것을 잃은 것 같은 박탈감이 찾아왔다. 마치 군대가 고독의 병졸들을 몰고온 것처럼 정신을 우울하게 압박했다. 하루가 너무 지루했다. 아무 일도 하지 않는 것은 쉬는 것임이 틀림 없다. 그런데 편치 않은 것이 문제다. 무엇보다 밤이 지겹다. 낮도 시간이 가지 않아서 길기만 하다. 누구와 상의할 일도 아니다.
　유독 나 혼자만 당하는 고독 같았다. 가장 힘든 것이 주일에 교회에 가는 일이었다. 어느 교회에 가도 목사는 교인 대우를 받기 어렵다. 대처할 방법을 연구해야 될 것 같았다. 그때 생각지 않았던 일이 생겼다. 어려운 일도 아니고 못할 일도 아닌 내가 할 수 있는 설교를 해 달라는 교회가 나타났다. 평생 하고 살았던 설교를 해 달라는데 거절할 이유가 없었다. 그것고 며칠만 해 달라는 부탁이 아니었다. 처음에는 한 번 설교를 하는 줄 알았다. 그런데 설교 부탁을 해온 교회에 담임 목사가 떠난지 며칠이 되지 않았다고 했다. 당분간은 설교자 공백이 있었다. 얼마 동안은 놀지 않아도 된다는 기쁨에 가슴이 벅찼다. 내가 할 수 있는 유일한 설교를 하면서 지낼 수 있다는 것은 상상도 못한 일이었다. 모든 것을 버리고 손을 놓았기 때문에 그 동안 저장된 기억을 더듬어서 설교를 준비하면 될 수 있을 것 같았다.

교회 후임 목사가 오려면 3개월은 걸릴 것 같다고 교인들은 예상했다. 3개월이 지났다. 그런데 진전이 없었다. 교회 역사가 40년인데 이런 긴 공백은 처음이었다. 어느덧 6개월이 되었다. 역사상 그런 적이 없었다. 그러기를 10개월. 나 때문이 아닐까 싶었다. 내가 후임이 올 수 있는 길을 가로막고 있는 것이 아닌지 모르겠다는 생각을 했다.

바로 그럴 때 뉴욕 S교회에서 담임 목사가 갑자기 사임하여 임시로 설교를 해달라는 부탁이 있었다. 그 교회는 내가 몇 번 설교를 하러 간 적이 있는 교회였다. 얼마나 적시에 닥친 기회인지 고맙기가 그지 없었다. 집과의 거리도 지금 설교하는 교회보다 조금 가까웠다. 그런 이유도 핑계가 되어 B교회에 양해를 구하고 뉴욕으로 가게 되었다.

S교회 역시 후임이 청빙 될 때까지 나는 한시적으로 설교만 하면 되었다. 내 생각에는 B교회가 먼저 후임이 올 것 같았다. 그래서 B교회는 잊고 열심히 주일마다 설교를 위해 뉴욕을 오갔다. 그런데 S교회도 생각보다 후임 선정이 늦었다. 결국 12개월만에 담임이 결정 되었다. 그런데 B교회는 여전히 그때까지 후임이 결정 되지 않았다. 일년 만에 다시 이전의 B교회로 돌아갔다. 1년간 기다려준 것은 아닐 것이었다.

적임자를 찾지 못하여 그러고 있었던 것이 마치 나를 기다리고 있던 것처럼 되었다. 나로서는 잘 되었지만 기뻐할 일은 아니었다. 한편 내가 다시 설교를 하도록 배려해준 것은 여간 고마운 일이 아니었다.

그런데 다시 설교를 하게 되면서 고민이 생겼다. B교회는 역사가 깊은 이민 교회였다. 초신자보다 기존 신자로 구성 되어 있었다. 그동안 사방에서 설교자들을 초청해 들었기 때문에 많은 설교자의 설교를 들어 보았고 다양한 설교를 경험했다. 그래서 내가 설교 공부를 다시 할 필요를 절실하게 느끼게 되었다. 기왕에 공부를 할 바에는 새로운 개혁을 하고 싶었다. 시대가 바뀌었으니 새로운 설교가 당연했다. 지금까지 한 나의 방식을 답습하지 않고 새로운 감각으로 시도해야 될 것 같았다. 내 눈이 정상 시력이 아니기 때문에 더욱 차별 있게 하고 싶었다. 모든 것을 원점에서 다시 시작하여 세속적인 모양세를 완전히 벗겨 버리고 싶었다. 어떻게든 바꾸어야 살아 남을 수 있을 것 같았다. 나의 각오는 격렬했다.

그때까지의 설교는 잘 믿으라는 내용이었다. 성경의 인물들을 열거하여 그들의 본을 받으라고 역설했다. 주일마다 성경으로 교인들의 생활을 바로 잡아주려고 권면 일변도의 설교를 했다. 따지고 보면 나는 목사직을 최대한으로 성실하게 감당하려고 애썼던 것이 전부다. 주님이 전해주기 바라실 것보다 목회를 잘 하고 싶었던 것이다. 그런 설교는 자연적으로 목사의 하고저 하는 의지에 맞춰진다.

그런데 그 무렵부터 주님이 들려 주라고 일러 주신 진리를 그대로 대언하는 설교로 전환하는 공부를 시작했다. 그러자니 과거의 내 설교를 비판하게 될 수밖에 없었다. 고민하고 반성하던 중에 작은 답을 찾게 되었다.

30대 초년의 설교는 아는 체하는 설교가 많았다. 학교에서 그 동안 배워서 가지고 있는 자료가 많기 때문에 그것을 다 풀어서 설교로 쏟아 내어야 하는 절호의 기회다. 아는 척하려는 것은 아니다. 아직 목회 경험은 별로 없을 때고, 나이는 젊고 교인들은 자기보다 윗사람이 절대 다수이다 보니 그런 자리에서 설교하면서 경험담은 통하지 않기 때문에 좀 아는 체하지 않으면 할 말이 없을 시기다. 그래서 배워둔 신학 지식을 그때 사용하지 않는 목사는 없다. 그런 것밖에 잘할 것이 없기 때문이다. 나도 당연히 그렇게 한 시대를 지났다. 처음이라 설교가 힘날 때였고, 아는 체하는 것이 재미있고 멋있다고 느꼈다. 교인들을 눈 아래로 내려다 보면서 용용 죽겠지 하는 식으로 설교할 때였다. 그렇게 조금을 보내고 어느새 전진했다.

조금 더 발전하여 교우들로부터 잘한다는 소리를 들었다. 그래서 기고만장하게 되는 시기를 맞았다. 그 시기는 아는 체를 하기보다 잘난 체를 하는 때다. 제법 설교에 세련미가 생길 때다. 설교의 구성이나 어휘나 인용하는 내용 대부분이 수준이 있어 보인다. 그렇게 하여 잘난 체하는 것이 온몸에 풍겨난다. 참 재미있게 보인다. 인기가 가장 두드러지게 작용하며 간혹 유명한 젊은 목사 중에 스캔들이 생기는 때가 이 무렵이다. 잘난 체할 때는 아무도 못 말린다. 자기 외엔 선배도 사람같아 보이지 않을 때다. 아는 체할 때보다 훨씬 잘난 것처럼 착각하며 그런 시기에 고개를 숙이는 목사는 좀처럼 찾기 어렵다. 그러다보니 설교마다 역한 냄새를 풍기게 된다.

그러는 사이에 중견 목사로 딛고 선다. 아는 체, 잘난 체 하는 시즌을 보내고 나면 철이 드는데, 그때는 차분하고 안정감이 돋보인다. 그래서 존경을 받는다. 아는 체하는 것을 유치하다고 밟기도 한다. 잘난 체하는 것을 얄밉다고 미숙한 후배들을 무시한다. 그런 후에 당당한 프로가 된다. 그때부터는 착한 척하게 되는데, 자기보다 더 착한 사람은 나와 보라고 거드름을 피운다. 설교도 느끼할 정도로 착하게 한다. 그런데 불행히도 성경으로 돌아가는 목사는 아주 드물다. 이들은 수많은 정보를 가지고 교인들에게 착하게 살라며 가르친다.

목사는 자기 품위의 종이다. 자기를 건드리면 못 견뎌한다. 그렇게 위선으로 한평생 사는 이들이 목사다. 젊은 목사는 오만방자하고 늙은 목사는 징그럽게 가증하다. 자기 외에 사람이 없다. 그렇지 않은 목사는 잠자코 있으므로 아무도 알아봐 주지 않는다.

간혹 메스컴을 통해 보는 목사들은 위선이 흘러내리는데도 착한 척을 한다. 그렇게 하여 얻는 효과는 성자 같은 대우다. 욕심 없는 성자, 돈에 관심 없는 천사로 신뢰받게 된다. 돈문제로 스캔들이 있는 목사조차 잘난 척하며 품위를 의식한다. 사람은 착한 척을 하면 기분이 좋아진다. 품위를 그렇게 위선으로 무장한 목사는 그렇게 내내 착한 척하면서 다음 시대까지 늙어간다.

목사가 아는 척을 해야 설교는 흡수된다. 잘난 척을 해야 자신감 있어 보이며, 그렇듯 착한 척하면서 목회를 한다. 그러면서 착하지 않으면 사기다. 착한 척하려면 착하게 살려고 무던히 노력을 하는 것이다

그런 것을 인정하지 않고 자기만 의로운 줄 알면 가증한 목사기 된다. 그러나 인간적인 어떤 모습보다 목사는 오직 성경을 가지고 자기를 지켜야 한다. 성경에는 목사가 하고 싶은 모든 것이 다 들어 있다. 그것은 교인들에게도 마찬가지다. 그런데 교인의 성경과 목사의 성경이 다르다는 것이 비극이다. 교인은 성경을 통하여 신앙을 지키려 한다. 목사는 성경을 통해서 목회를 하려고 한다. 그렇게 보면 교인의 성경은 순수하다. 그러나 목사의 성경은 인간의 의도가 들어 있다. 목사가 성경을 교인들보다 훨씬 더 많이 알고 있지만 신앙은 성경을 아는 것과 정비례 하는 것이 아니다.

성경은 글로 기록된 하나님의 말씀이다. 그 말씀은 읽어서 이해되는 것이 아니다. 다 읽어서 뜻이 이해 되는 것도 절대 아니다. 아무리 읽고 또 읽어도 뜻이 이해 되지 않는 것이 성경이다. 목사들 중에 그 대목을 믿지 않는 목사가 의외로 많다. 성경은 문자로만 공개 된 책이다. 하나님의 뜻은 숨겨진 책이다. 예수께서 친히 말씀하시기를 성경은 지혜로운 자에게는 숨겨 놓았다고 했다. 그러나 어린 아이들에게는 열어 놓았다고 했다. 슬기롭고 지식이 있다면 아무리 들여다 보아도 덮어 놓은 까닭에 알 도리가 없다. 그러다보니 자기 지식으로 뜻을 만들어내게 되는데, 베드로는 그런 것을 '교묘하게 만든 것'이라고 설명했다.

현대 지식인들은 하나님의 뜻을 잘 모른다. 그래서 자기 머리로 이

해하고 만들어서 교회에 퍼뜨린다. 또 교인들은 그런 소리에 익숙하게 길들여져 있다. 따라서 성경을 하나님의 뜻으로 푸는데 가장 큰 장애는 인간의 지식이다. 하나님은 철저하게 숨겨 놓았다는데 무슨 재주로 그 뜻을 알 수 있단 말인가. 아는 척하는 사기극이 아니라고 말할 수 없다. 하지만 자기 지식을 쓰레기처럼 내다 버리는 자에게는 하나님이 그 뜻을 열어 주신다. 그것을 성경은 명백하게 기록해 놓았다. 중요한 것은 목사들이 이 사실을 모르지 않는다는 데 있다. 그런데 그것을 무시하고 자기 지식을 고집한다. 그러면 죽을 때까지 설교를 해도 항상 교묘하게 만든 날조된 설교를 해야 한다. 나는 초,중,고 정도만큼의 기초만 있으면 하나님의 뜻이 물밀듯이 쏟아져 들어온다고 믿는다.

바울은 성경 이해를 방해하는 사람의 그런 지식을 오물 쓰레기라고 했다. 그러면서 예수를 아는 지식이 가장 고상하다고 했다. 물론 목사들은 그 내용 역시 다 알고 있다. 그런데 사도의 말도 무시하고 자기 지식을 가지고 허세를 부린다. 그것이 사기인 줄 모르는 것이다. 양심이 화인 맞았기 때문이다.

초등학교만 나와도 하나님의 말씀은 이해될 수 있다. 하나님은 순수한 어린 아이 같은 자에게 자기 뜻을 아낌 없이 알려 주시기 때문이다. 믿지 않는 것은 자유다. 그러나 그런 자유와 진리가 자유케 하는 자유와 결과가 다를 것이다.

나는 나이 여든에 이런 소리를 한다. 그러니 아직 좋은 기회가 남아 있는 독자들은 스스로 자신을 속이지 말라. 하나님을 속일 생각은 하지 않는 것이 사는 길이다. 목숨을 내어놓기보다 얼마나 쉬운 일인가.

목사는 누구의 간섭도 받지 않는다. 그래서 하나님의 종이라 한다. 그렇다면 하나님의 간섭을 받는 것이 당연하다. 그런데 실제로 그렇게 하나님의 지도를 받는지는 아무도 모른다. 대다수 목사들은 성경을 인용하면서 자기가 자기를 지도하는 것처럼 자유롭게 보인다.

목사는 국가에서도 아무 규제가 없는 특종직이다. 그 중에 설교가 대표적이다. 무슨 설교를 어떻게 하든 자기 마음대로 한다. 설교 후에 심사를 받거나 검열을 받는 경우는 평생에 단 한 번도 없다. 자기가 하고 자기가 자평한다. 그래서 대다수 목사들은 자기 설교를 가장 잘 하는 설교인 줄 안다. 그래서 목사는 발전이 거의 없다. 평가도 않고 비판도 없으니 그럴 필요가 없다. 그런 영향으로 설교도 발전이 없고 개선도 없다. 그래서 지금은 설교 대란의 시대다. 말도 안 되는 설교가 홍수처럼 폭주한다. 그런 설교조차 돈을 드려서 전파로 홍보를 한다. 기독교를 모독하는 설교가 위험 수위를 돌파한지 오래다. 성경을 제멋대로 해석하여 자기가 하고 싶은 소리를 마음껏 발설한다. 목사는 누구의 말도 듣지 않는 독선으로 굳어 있다.

예수는 자기 제자들을 세상으로 내어보내실 때 먼저 많은 것을 내려놓게 했다. 여행을 위하여 의복은 입고 있는 그대로, 숙식을 위해서는 지갑을 들고 가지말 것, 숙소는 여관을 정하지 말 것, 의식주 문제는 제자가 걱정하는 것이 아니라고 하셨다. 명령을 받들면 의식주는 저절로 해결이 된다고 하셨다. 제자들은 그렇게 믿고 실행했다. 그런 원칙이 바뀐 적이 없다. 일만 하면 되었다. 다른 것은 일을 시키는 주인이 할 몫이다. 목사는 일을 하는 일꾼이다. 목사는 신분이 아니라 사명이다. 목사가 천국 복음을 전하려면 불필요한 것은 무엇이라도 다 내려 놓아야 일을 할 수 있다.

천국 복음을 전하는데 가장 방해가 되는 것은 세상 지식이다. 성경을 일로 이해하는 한 지식은 아무 도움도 되지 않는다. 하나님의 말씀을 도와 줄 학문은 세상에 한 가지도 없기 때문이다. 바울은 그런 것은 벌써 내어버렸다고 했다. 그런 지식은 오히려 성경을 망치게 한다고 했다.

목사는 계급과는 거리가 멀다. 고관이 될 소질은 이미 포기해야 한다. 그리고 사회의 명사가 될 자격도 없다. 그런 것을 생각하면 이미 아주 잘못된 목사이다. 그리고 목사는 부자도 될 가능성이 없다. 목사가 될 때 그런 것은 하지 않기로 약속을 하기 때문이다. 목사는 한 사람의 교인이다. 그리고 교회를 위해 맡겨진 임무를 수행하는 자다. 목사는 절대로 높은 사람이 되어서는 안 된다. 높은 척을 해서도 안 된다. 그래서 제자들에게 선생이 되지 말고 지도자도 되지 말고 아버지도 되지 말라고 한 것이다. 그런 정신이 목사의 몸가짐이다.

목사는 신학이 전공이다. 전공을 하나로 해야 정신이 맑다. 그런데 이 세상은 목사의 정신 구조를 복잡하게 만들었다. 목사가 되어서도 두 가지 전공을 그대로 가지고 행세한다. 그러나 신학과 접목해도 좋은 과목은 아무 것도 없다. 감히 무슨 학문이 하나님의 말씀에 끼어들어도 되겠는가. 예수님 제자 중에는 대학생이 없었다. 바울은 지식인이었으나 그래서 예수님 생애 중에는 부름받지 못했다. 후에 따로 부름받고 쓰임 받았다. 신학은 최고 중에 최상의 학부다. 다른 지식을 추가하면 신학을 망치게 된다. 바울은 그런 것을 깨닫고 예수를 아는 지식 외에는 지식이 아니라고 했다.

목사는 직무가 엄격하게 한정 되어 있다. 사심이나 사견을 가지면 직무를 수행할 수 없다. 교회가 정한 법대로 성실하게 직무를 수행해야 한다. 예수께서 자기 제자들에게 명령한 그대로 실천하면 되는 것이다. 그렇게 하는 것을 다른 사람이 보아야 그들도 실천한다. 예수는 '너희의 행실을 보여 주라'고 분명하게 말씀하셨다. 그런데 작금의 목사들은 아무 것도 보여주지 않으면서 교인들에게만 순종을 강요한다. 가나 혼인 잔치에는 예수님의 가르침이 한 가지도 없다. 제자들에게는 입도 벙긋하지 않았다. 이처럼 목사들이 교인들에게 설교할 말도 순종은 아니다. 무슨 일을 시키든지 그대로 하라는 말은 예수님의 소리가 아니다. 마리아가 하인들에게 부탁한 말이었다. 그 잔치는 메시아의 표적이 주제다. 메시아가 어떤 분인지 그 설교를 할 수 있어야 참 목사고 설교자로서 자격이 있다.

같은 본문으로 가나의 혼인 잔치를 물로 포도주를 만들었다고 설교하는 것은 다른 사람들이 하던 대로 한 것이다. 그러면서 교인들에게 가르치기를 메시아는 능력이 무한하시다고 하면 그것은 그런대로 괜찮은 것이다. 그런데 메시아 표적은 고사하고 '물은 맛이 없고 밋밋하나 포도주는 달콤하고 맛이 있다.'며 예수님이 물로 포도주를 만들었 듯이 보잘 것 없는 맹물같은 인간을 맛이 있고 아름다운 인간으로 바꾸었다고 설교하는, 그러면서 교인들도 그렇게 변화를 받으라고 외치는 설교자도 있다. 그 얼마나 성경을 모독하는 일인가. 메시아로 오신 예수님이 세상에 오셔서 제일 먼저 술부터 만든 분이니 기독교가 양조장 취급을 받는 꼴이다.

성경에 나실인은 절대로 포도주를 입에 대지 않는다. 예수님은 포도주를 만들어 줄 수 없는 메시아로 오셨을 뿐 포도주와 아무 상관이 없다. 잔치를 못하게 되었을 때 잔치를 살린 것은 틀림이 없다. 단지 물로서 했던 것은 사실이다.

아는 체하는 것은 아는 것이 없다는 뜻이기도 하다. 메시아 출범식은 가나 혼인 잔치집에서 거행되었다. 그러니 그 성경 기사를 메시아가 술을 제일 먼저 만드셨다는 것으로만 해석하면 그것은 메시아 모독 죄에 해당한다. 포도주가 없어서 잔치가 문 닫게 되었는데 잔치를 계속하도록 선처를 베푸셨다고 간결하게 전하며 그만이다. 포도주로 해결한 것이 아니고 물로서 해결했다고 성경에 기록 되었으니 그대로만 전하면 충분하다.

물이 포도주보다 못한 것이 아니다. 물이 백 배 천 배 더 귀한 것이다. 물의 가치를 추락시키고 포도주 가치를 올려놓는 것은 망상이다. 지금 우리나라가 술로 망가지고 있는 현실을 보면서도 아직도 그런 설교를 하는 목사가 많다. 성경을 대충 보는 탓이다.

조금더 발전한 40대 목회자의 설교는 조금 다르지 않을까 싶다. 포도주가 없는 것을 해결하는 방법은 얼른 가서 사오면 된다. 그러나 만일 그런 사실을 모르고 있다가 갑자기 알게 된 사건이라면 얼른 가서 사올 시간이 안 된다. 그럴 때 해결 방법이 구약에 기록 되었다. 엘리야 때 사르밧 과부의 집에서 떡을 구을 가루가 떨어졌을 때였다. 엘리야는 빈 항아리에서 가루가 계속 나오게 했다. 빈 항아리에서 분말이 계속 나오게 했다면 포도주가 있었던 항아리로부터 떨어진 포도주를 계속 나오게 하면 된다. 구약 시대에 한 일을 예수님이 못할 수가 없다. 예수님은 엘리야보다 더 능력 있는 메시가 아닌가.

또 엘리사 때 선지 생도의 딱한 사정이 있을 때였다. 그 생도가 중병에 걸려서 큰 빚을 졌다. 빚에 쫓겨 자식들이 빚 값으로 팔려가게 되었을 때 엘리사가 기름을 팔아서 그 돈으로 위기를 면했다. 그 집에는 기름이 한 병밖에 없었다. 그런데 기름 한 병으로 수백 병의 기름이 계속 나오게 한 기적이 있었다.

가나의 포도주도 그렇게 해도 되었다. 빈 항아리에 포도주가 나오게 하면 되었다. 예수님이 못할 일이 아니다. 그런데 예수님은 빈 포도주 항아리에는 손을 대지 않았다. 돌 항아리를 쓴 것이다. 포도주하고 완전히 다르다. 그것이 가나의 표적이다. 맛있게 한 잔치는 인간이 기대한다. 예수님은 깨끗케 하셨는데 그 말은 아무도 말하지 않는다. 왜 그럴까. 설교를 흉내내기 때문이다. 성경을 깨닫고 설교하라고 했는데 깨닫는 것은 없고 다른 사람이 한 것을 천번 만번 흉내만 내기 때문이다. 관연 이것이 옳은 일인가.

기름이 끊어지고 없을 때 빈 병에서 기름이 계속 나오게 했듯이, 포도주 역시 없으면 포도주 항아리에서 계속 나오게 하면 된다. 엘리야가 하는데 예수님이 못하실 일이 아니다. 그런데 쉽게 하면 될 일을 예수님은 그렇게 하지 않았다.

먹는 술이 없다는데 못 먹는 물을 항아리에 채웠다. 거기에 답이 있다. 돌 항아리의 물은 절대로 먹을 수가 없다. 먹으면 죽을 수도 있는 세균 투성이다. 모든 사람이 손을 씻은 오염된 물이다.

예수님은 그 항아리에 물이 가득 찼을 때 그 물을 바꾸지 않았다. 그리고 그대로 떠다 주라고 했다. 갖다 주었더니 맛이 있다고 칭찬을 했다. 예수님은 죄를 깨끗게 씻어주시는 분이다. 더러운 물을 먹는 물로 깨끗하게 하신 것을 먼저 말해야 된다. 목욕탕의 물을 정수기도 없이 식수로 만든 이야기를 해야지 그것이 설교다. 물을 깨끗하게 씻는 분이 예수님이시다. 하물며 인간의 죄를 어찌 씻지 못하시랴.

마리아는 엘리야의 항아리를 생각하여 포도주를 해결해 줄 것이라고 기대했을 것이다. 그러나 메시아로 오신 예수는 온 천하에서 처음 보는, 전무후무한 표적을 행하셨다. 성경은 정확하게 처음 표적이라고 기록했다.

포도주는 물로 만드는것이 아니고 포도로 만들어야 포도주다. 물로 만들었다면 그것은 청주다. 그래서 나는 그 설교를 '새로운 시도' 라고 설교했다. 예수의 복음을 물리적 변화에 맞추는 것은 복음을 평가 절하하는 잘못이다. 창조적 능력이 예수의 복음이다.

50대 설교자라면 가나의 잔치를 보다 더 구체적으로 해석하여 설교답게 할 것이다.

    a. 평범한 시골 잔치
    b. 누구나 하는 일반 잔치
    c. 도중에 파산 될 불안한 잔치
    d. 아무 것도 볼 것 없는 허무한 잔치
    e. 손님을 무시하는 무례한 잔치
    f. 처음과 나중이 판이한 한심한 잔치

예수님은 거기서부터 메시아 사역을 개시하셨다. 특별하지도 않으며 문제가 많고, 대책도 없는, 그리고 인사도 없고 환영도 않는 곳에 그래도 상관 않는 주님이 나타나셔서 절대로 회생할 수 없는 사태를 역전시켰다. 제자들이 그를 메시아로 믿었다는 그 표적을 설교한다면 설교답지 않을까 싶다.

    60대 설교는 '가나의 물잔치'라는 설교를 해도 된다. 그 잔치는 잘 시작해서, 잘 나가다가 끝날 무렵에 마실 포도주가 떨어져서 잔치를 망치게 되었다. 예수께서 물로 해결 했다. 예언에는 메시아가 물을 가지고 와서 사막을 호수로, 광야를 강으로 바꾼다고 했다. 누구든지 물이 필요하면 내게로 오라고 예수님이 큰 소리로 외쳤다. 나를 믿는 자는 속에서 생수가 솟아난다고 하셨다. 물 위로 걷기도 하셨다. 물을 명하여 잠잠하라고 명령을 하면 물이 잠잠했다. 예수는 물을 마음대로 다루시는 물의 달인이었다. 물의 주인이신 메시아다. 창세기에는 태초에 물이 있었다고 기록했다. 하늘보다 우주보다 큰 메시아를 손가락 하나만큼 작게 만드는 설교는 그러므로 하나님의 아들을 증거하는 데 너무 미비하다.

70대 설교는 '무엇이 문제인가'라는 설교가 적절하다. 잔치집 포도주는 처음 며칠 동안은 정상적으로 있었다. 매일 잘 하던 집이다. 매일 잔치가 끝나면 다음 날 계속 할 것을 확인하여 챙겨놓고 돌아간다. 지금까지 그렇게 했다. 그런데 그 날은 다음 날 일을 생각하지 않고 돌아갔다. 기회를 놓친 것이다. 아침에 와서 보니 포도주가 없었다. 그때서야 확인한 것이 불행의 발단이다. 이미 포도주를 보충할 시간이 없었다.

어제 생각할 것을 잊어버리고 모두 집으로 돌아간 것이 잘못이다. 누구라도 한 사람만 생각이 났어도 준비하면 되었다. 포도주가 모자란 것이 아니라 생각이 모자랐다. 세상의 모든 불행은 생각이 모자라서 일어난다. 그러나 생각을 했는데 그때는 시간이 없었다. 손님은 들어와서 앉았는데 포도주를 구하러 갈 시간이 없었다. 마리아도 늦게 알았다. 늦게라도 알기는 했으나 대책을 강구할 시간은 없었다. 그런 딱한 사정을 누구에게 말할 데가 없다. 그런데 마리아는 예수님께 말했다. 생각이 나도 말할 때가 없으면 소용이 없다. 마리아는 그 점이 달라서 위기를 살려낼 수 있었다.

80대 설교는 많이 다르다. 가나 잔치의 파경은 포도주가 없는 것이 틀림 없다. 그 사실을 고해 준 마리아에게 예수님은 Yes라고 대답하지 않았다. 분명히 No라고 거절했다. 심지어 나와 무슨 상관이냐고 반문했다. 그런 다음에 잔치를 구해줬다. 예수님과 제자들을 초청해준 그집 주인이 망신을 당하게 되었는데 가만히 있을 수가 없어서 잔치를 훌륭하게 진행시켜서 잘 마무리하게 해주었다.

그런데 방법은 어머니가 기대한 대로 하지 않았다. 그와 정반대로 이상하게 했다. 거기에 돌항아리 여섯 개가 있었다. 거기에 물을 가득 채웠다. 18통이나 되는 많은 물이었다. 그 물이 다 포도주가 되었다면 잔치를 한 달 이상 해도 넉넉했다. 그러나 그 많은 물이 포도주가 되지 않았다. 예수님이 그렇게 하지 않았다.

마리아는 포도주를 만들어 달라고 하지 않았다. 잔치가 거덜나게 생겼다는 말은 맞다. 그러나 지금까지 예수님은 기적을 베푼 적이 없었다. 가나에서 처음 표적이라는 말이 있다. 그렇다면 마리아가 포도주를 만들어 내라고 한 말은 결단코 아니다. 그 딱한 집을 구해주고 싶은 마리아였다. 또 예수님은 메시아로서 자기를 증거해야 할 자리였다. 예수님이 메시아이심을 나타냄과 동시에 잔치가 살아나게 하면 일석이조다. 예수님은 누구신가. 그 증명을 누구에게 보여주어야 하는가. 첫째는 제자이다. 다음은 마리아이다. 여섯 항아리에 물이 가득하다. 그 모습은 아무도 설명하지 못한다. 오직 하인들만 안다. 잔치가 시작되는 순간에 항아리에는 물이 가득차 있었다.

아무도 손을 담그지 않은 첫 시간 그 처음을 알파라고 한다. 예수님은 잔치를 알파로 돌려 놓았다. 그렇게 할 필요가 전혀 없었다. 그때 연회장에서 포도주가 없다고 빨리 대령하라고 독촉을 했다. 이미 포도주는 없어졌다. 누구도 갖다줄 수가 없을 때였다. 그때 예수님이 그 물을 떠다 주라고 명했다. 하인들이 떠가지고 갔다. 연회장에서 사람들은 그 물을 마셔 보았다. 지금까지 먹었던 포도주와 맛이 완전히 달랐다. 극상품이었다.

하인들은 자세하게 보았다. 알파의 상태에서 물을 뜬 것을 오메가(나종)라 한다. 떠서 잔치의 마지막을 장식했다. 예수님은 자신을 알파요 오메가라 했다. 알파는 처음, 오메가는 마지막을 의미한다. 그 두 글자는 한데 묶을 수가 없다. 그 두 자를 합치면 아무 단어도 아니고 뜻도 없다. 오직 예수님께만 처음과 나종이 하나가 된다. 예수님은 가나에서 그것을 증거했다. 제자들 중 요한만이 그 장면을 직접 목격했다. 그 잔치에서 가장 귀한 인사는 예수님의 제자였다. 제자 때문에 그 날이 생겼으며 '사흘 후에'라는 말은 제자를 구성했다는 뜻이다.

예수께서 비로소 30년의 침묵을 깨고 거동하기 시작했다. 그것이 제자와 상관이 있다. 동행한 제자가 여섯 명이었다. 그리고 사흘 되는 날이면 이틀 전이다. 그 때 예수님은 제자 베드로, 안드레, 야고보, 요한을 뱃전에서 불렀다. 그리고 마을로 들어설 때 빌립과 나다나엘이 합류하여 여섯 명의 제자가 구성되었다. 입장할 때 여섯 제자가 여섯 항아리 앞에서 손을 씻고 들어 왔다. 한 제자가 한 항아리씩 맡았던 인상이 남았다. 예수님은 그 여섯 항아리에 착안하셨다. 아무 생각 없이 한 것 같지는 않다. 이미 어부를 그만 둔지 이틀이 지난 후였다.

여기서 여섯 제자와 여섯 항아리는 신세가 같다. 그래서 예수님도 그 별 볼 일 없는 존재들을 요긴하게 사용했던 것이다. 할 일이 끝난 여섯 항아리와 돈 벌 직업이 끝난 여섯 제자를 비교해 보는 것도 의미가 있을 것 같다.

예수님 안에 태초가 있고 예수님 손에 최후 심판이 있다. 가나에 처음 나타나신 메시아 예언은 무려 6천 년 전에 약속 된 일이다. 거기서 약속 된 여인의 후손인 메시아와 그 여인이 함께 잔치에 참예한 것이다. 요한은 이미 그 자리에서 처음과 나종이 일치가 되는 것을 자기 눈으로 똑똑히 보았고 확인했다. 그러다가 밧모섬에서 다시 '나는 알파요 오메가라'는 메시지로 재확인 받았으니 그 얼마나 감격스러운 일이었겠는가. 요한은 글로 써서 책을 만들어도 그 책을 놔둘 곳이 세상에 없다고 했다.

나는 내 나이 아흔에 되었을 때 '가나 잔치' 설교를 또 하게 될 것이다. 그때 할 설교를 구상하다가 제목을 정했다. '나는 시간이다!' 영어로는 'I am The Time'이다.

예수님은 부활하셨다. 이미 영생에 입장하셨다. 가나에서 포도주가 떨어져서 사러 갈 시간이 없었을 때 예수님은 즉시 해결했다. 부활하셔서 예루살렘에서 금방 갈릴리로 다시 예루살렘으로 엠마오로 문을 닫았는데 시간을 돌려서 그냥 들어 오셨다. 아무 제약도 없이 우리 주변을 매일 다녀 가시는 분이다. 세상 끝날까지 항상 우리와 함께 하시는 분이시다. 시간이 필요하면 주님이 해결하신다.

목사를 신분으로 삼는 사람은 위선이 특징이다. 목사를 직무로 삼는 사람은 타성이 특징이다. 전자든 후자든 목사는 제대로 된 사람을 찾기가 어렵다. 보통 사람과 목사가 다른 점이 없다는 뜻이다. 세상 사람들이 하는 것을 목사들도 다 한다는 뜻이다. 감투, 명예, 서열, 물질에서 별별 경쟁을 다 한다. 선거로 뽑는 데서는 돈 뿌리기도 한다. 자리를 하나 차지하면 축하 잔치를 벌인다. 게다가 거기에 드는 비용을 자기가 부담하지 않고 공금을 쓴다. 그런 타락이 공개적이다. 그러면서 어찌 교회가 하나님의 신성을 운운하는가. 이것은 내 개인의 혹평이 아니라 현실이다. 오늘 날 목회자들은 정직하게 반성하는 자세로 살아야 한다. 그러나 많은 목사들이 자기 스스로 괜찮은 줄 착각하며 산다. 그것은 스스로 속이는 것이다. 바울의 '오호라 나는 곤고한 자로다'라고 한 겸손한 고백이 요즘처럼 깊이 있게 다가올 때가 없는 것 같다.

주의 종은 자기 것을 내려놓는 자다. 이것이 시작이다. 되돌아 보니 내 설교는 처음부터 끝까지 내가 주체였다. 성경을 내가 아는 만큼을 말로 전한 것이다. 성경을 인용한 것은 틀림 없다. 그러나 내가 생각하고 내가 말하고 내가 평가하고 내가 즐겼다. 그것은 하나님에 대해 월권이고 기만이고 탈선이다. 나는 평생 그렇게 살아온 만성병자다. 성경을 좋은 말로 잘 가르치기만 하면 되는 줄 알았다. 그것을 주님의 뜻이라고 포장했다. 그런 것이 양심의 가책이 되지 않았다. 그런데 목회라는 울타리 밖으로 나와서 보니 생각이 달라졌다. 목회자가 성직자라고 스스로 인정했다. 그러나 돌이켜 보니 교회를 직장으로 삼아 목회업자처럼 산 것 같다.

기왕이면 성직자로 돌아가고 싶다. 그래서 업자의 설교에서 탈피해야 될 것 같다. 그런 인식을 하고 있는 한 가능한 빨리 개혁을 해야 했다. 목사 개혁은 설교 개혁이다. 나는 그런 공부를 시작해서 지금 그 효과를 거두고 있다. 부끄럽던 설교 60년을 마감하고 차츰 주의 종의 면목을 회복해 가는 중에 있다. 사도들은 자기를 쳐서 복종시키는 자기 개혁이 있었던 무리들이다. 그렇게 개조 된 자를 종이라 하는 것이다. 그런 종의 설교는 들어 보면 확연히 다르다. 주님이 말씀하시는지 자기가 말하는지 바로 알 수 있다. 무엇을 채우고 끌어 담는 공부는 평생 해온 공부였다. 지금 나는 지우는 공부를 하고 있다. 욕심을 없애는 공부다. 성경을 가지고 설교할 때 주님의 말씀을 주님의 뜻으로가 아니라 자기들 마음에 맞게 회칠을 했다.

나의 지나간 10년은 학교에 다닌 것도, 스승을 만난 것도, 무슨 강의를 받은 것도 아니지만 혼자서 성경만 붙잡고 설교를 공부한 시간이었다. 내 마음이 갈급해서 찾고 구하고 두들기는 공부를 했다. 80 평생에 가장 많은 공부를 했노라 말할 수 있다. 옛날에는 책을 보고 공부를 했다. 지난 10년은 한 권의 책도 없이 성경만을 가지고 공부했다.

성경의 역사는 모세로부터 시작 되었다. 모세 이전의 세계가 말씀의 오리지널 세계다. 그때는 말씀을 직접 들었고, 그 말씀은 정확하여 오류가 없었다. 그 당시에는 말씀이 문자로 표기 되지 않았고, 방언으로도 전달 되지 않았었다. 모세 때부터는 사람의 방언으로 기록이 시작되었다. 그후로는 여러 나라 방언으로 번역도 되었다. 모세 이전에는 말씀에 아무 설명이 필요하지 않았다.

문자의 기록으로 된 성경은 해석이 필요하다. 그 해석이 사람에 따라서 유사하기도 하고 때로는 정반대일 때도 있다. 오늘 날은 성경으로 하는 설교 중에 하나님의 뜻이 아닌 자기의 사견으로 교묘하게 짜 맞춘 것이 얼마나 많은지 모른다. 특별히 지식이 있다고 생각하는 사람은 그런 쪽으로 치우친다. 체험이 있는 사람은 세속적인 예화를 끌고 들어온다. 제각각 성경을 입맛대로 이용한다.

고뇌와 갈등을 벗삼아 자기 생각을 완전히 몰아낼 때 무게 있는 공부를 할 수 있다. 빛이 밝고 주변이 산만하면 무게는 사라진다. 빛이 없어 아무 것도 보이지 않으면 무게가 자리를 잡는다. 소음이 들리면 무게는 숨어버린다. 아주 적막할 때 무게는 꿈틀한다. 자정이 지나고 적막이 오면 모든 세계가 무게로 가득찬다. 2시에서 4시가 가장 무겁다. 방해하는 것이 없다. 그 시간에 귀를 열면 소리가 들린다. 그런데 녹음은 되지 않는 뇌 속으로 파고든다. 얼른 기록을 해도 되고 뇌에 담기도 한다. 그런 시간에 요란을 떨기는 어렵다.

나는 한국에서 장로교 헌법에 의한 70세 정년을 하루도 어기지 않고 정확하게 지켜서 은퇴를 한 것에 감사하다. 70세를 채우지 못하고 중도에 그만 둔 목회자도 적지 않다. 친구들 중에도 상당 수가 일찍 그만 두었다. 은퇴하는 것은 쉬라고 하는 법적 장치다. 일을 못하게 하는 박탈이 아니라 쉬어도 된다는 보상이다. 은퇴 후에 일을 하면 안 된다고 억제하는 것은 법의 정신이 아니다. 일을 하든, 놀든 자율의 문제다.

나는 은퇴 후에도 일을 하게 될 줄 몰랐다. 그런 것을 기대할 아무 근거가 없었다. 자식들 주변에서 쉬게 될 줄 알았을 뿐이다. 다행하게도 낯설지 않는 교회로부터 설교 부탁을 받게 되어 장기간 설교를 하게 된 것이 축복인가 싶다. 그 덕분에 하고 싶은 성경 연구를 할 수 있었다.

그런데 은퇴하기 전에 꼭 가고 싶었던 곳이 있었다. 웬만한 관광지는 거의 다 가보았는데 좀처럼 기회가 닿지 않는 밧모섬을 가볼 수 없어서 늘 유감이었다. 세계 많은 곳에 기독교 유적지가 있다. 그 모든 유적지는 인공적인 작품이다. 특히 이스라엘은 이름만 성지일 뿐 유적은 한 곳도 원형이 없다. 모두 로마시대 작품들이다. 건물은 단 한 곳도 없다. 오직 밧모섬에 있는 요한의 굴이 유일하다. 그것도 요한이 만든 굴이 아니라 박해로 쫓겨가서 피신했던 곳이다. 박해자들에 의해 끌려가 갇힌 곳도 아니다. 그 곳에 가기 전에 이미 요한은 바다에서 죽도록 버려졌는데 죽지 않고 살아서 그곳까지 떠내려 간 것이 결과적으로 복이었다.

요한을 사랑하는 나에게는 그 곳을 가지 못한 것이 늘 안타까웠다. 퍽 많은 여행을 하면서 거기만은 갈 기회가 없었다. 은퇴를 했으니 가볼 수 있는 희망은 더욱 멀어졌었다. 그런데 꿈에서도 가 보고 싶었던 그 곳을 다녀오게 되었다. 아무도 나와 동행할 형편이 아니었다. 아내가 친정 부친의 병환이 위독하여 한국에 가는 날 나는 밧모섬에 갈 기회가 생겼다. 여행사에서 각처로부터 모집한 20여 명이 한 팀이 되어 있었다. 대부분 친구가 동행자들이었고 나만 혼자였다. 인솔자는 없었고 기간은 9일이었다. 가는 곳마다 현지 안내자가 있었다. 일행 중에 기독교인이 다수였고 가톨릭 신자 부부가 있었다. 교인은 대부분이 집사였고 장로가 한 분 있었다. 다행히 목사는 나 한 사람이 들어 있었다.

그리스로 들어가서 터키를 돌아나오는 9일간의 여행 중에 밧모섬을 가볼 수 있었다. 한번 들어가면 하루가 걸리는 곳이었다. 일반 사람들은 그 코스를 생략하기도 한다. 목회자가 아니면 가서 볼 만한 것도 없고 기념할 곳도 없다. 그러나 요한과 밧모섬은 기독교 역사상 가장 중요한 영성의 보물섬이다. 그 실황을 담은 계시록을 우리에게 물려준 전무후무한 신비를 보존한 곳이다. 그 현장이 원형 그대로 있었다.

나는 그 섬으로 간다는 여객선을 타고 가는 내내 꿈을 꾸는 것 같은 황홀한 시간을 즐겼다. 내 일생에 나 혼자 그런 길고 먼 여행을 떠난 것이 처음이었다. 또 여비 일체를 용돈을 아꼈다가 쓴 것도 처음 해본 일이었다. 대부분의 해외 여행은 아내와 같이 다녔었다. 시력을 잃은 후로는 단독 여행이 불가능했다. 그런데 때마침 아내가 친정 부친의 병환 때문에 나를 따라갈 형편이 아니었고, 나는 밧모섬 가는 것이 마지막 같아서 혼자 강행한 것이었다.

밧모섬은 멀고 먼 외로운 섬이다. 요한이 밧모섬에 간 것은 본인의 뜻이 아니었다. 누구도 요한이 그 섬에 가게 될 줄 몰랐다. 심지어 요한을 그 섬으로 유배시킨 당사자들도 그 섬에 도착하기 전에 요한이 죽을 줄 알고 미리 장례를 치렀다. 그러나 그런 상상을 깨고 요한은 죽지 않고 그 섬에 도착했다. 몸을 의탁할 방 한 칸도 없었다. 겨우 토굴 안에 몸을 맡겼다. 혼자서 기도하기에 좋은 공간이었다. 그는 밤과 낮이 구별 되지 않는 그곳에서 아주 아주 깊고 깊은 기도를 하게 되었다.

그런 중에 살아계신 주님이 그 굴에 나타나셨다.

요한계시록의 배경이 된 그곳에서는 인공으로 만들어 놓은 어떤 기념물도 찾아볼 수 없다. 그래서 밧모섬은 명소다. 나는 사도 요한이 한동안 살았고 우리 주 예수 그리스도의 계시를 받았던 그 굴에 서려있는 소리를 들었다.

사도 요한의 최후에 관해서는 몇 가지 설이 있다. 어떤 교회는 요한이 거기서 승천했다고 믿는다. 또 어떤 교회는 거기서 기도 중에 순교했다고 믿는다. 한편은 그런 승천설을 강하게 부인한다. 나는 아무 말도 하고 싶지 않다. 요한이 살아서 승천했다면 얼마나 영광스러울까 싶다. 그렇지 않고 기도하다가 거룩한 순교를 했다면 그 또한 얼마나 영광스러운가. 그러한 다른 견해를 가지고 누가 옳고 그른지 싸울 필요는 없다. 가서 보면 다 밝혀질 일이다. 베드로가 예수께서 부활 후에 내 양을 먹이라 하시던 그 자리에서 요한을 가리키면서 그는 장차 어떻게 되느냐고 주님께 물어 보았었다. 베드로가 왜 그런 것을 물었을지는 아무도 모른다. 궁금해서 물었을 것이지만 그것이 왜 궁금했을지 알기는 어렵다. 다만 베드로가 기분이 좋아서 물었을 것 같지는 않다. 좋았다면 가만히 있어도 괜찮을 자리였기 때문이다.

베드로와 요한은 같은 날 예수의 제자가 되었다. 그 두 사람은 열두 제자 중에 트리오 안에도 같이 들어 있다. 예수께서는 중요한 자리가 있을 때마다 열두 제자를 다 데리고 가지 않았다. 베드로, 요한, 야고보 세 제자를 공식적으로 대동하고 다녔다.

그 세 사람은 모든 일을 같은 자격으로 일했다. 심지어 예수님께서 별명을 지어준 제자도 그 세 명뿐이다. 베드로는 반석, 야고보와 요한은 우레라고 지어 주었다. 반석은 땅에만 있다. 우레는 하늘에만 있다. 그것은 엄연한 차이다. 순교는 땅의 일이다. 승천은 하늘의 일이다. 그런 차이를 시비거리로 삼는 것은 참 우습고 한심한 일이다. 오늘도 교회는 궁금한 것이 너무 많다. 요한은 승천했는가, 순교했는가 서로 옳다고 열을 올린다. 장차 가서 보면 알 것이다. 서로 말씨름을 해서 이겨보려는 것은 신앙인의 태도가 아니다. 무엇이든지 다 알려고 하는 것은 신앙이 아니라 욕심이다.

한국 교회도 그 동안 끝없는 논쟁을 벌이면서 기운을 소모했다. 그러나 그런 시비는 예수님이 누구의 손도 들어 주지 않는다. 실제로 예수께서 베드로에게 '너와 무슨 상관이냐, 너는 나를 따르라'고 하시지 않았는가. '네가 나를 따르려면 남의 일은 신경 끄라'고 했다.

물론 베드로의 궁금증이 큰 잘못은 아니다. 베드로와 요한은 본래 어부 생활을 할 때부터 동업자였다. 최초의 제자 그룹에도 동시에 입학했다. 예수님은 어디를 가든지 그 두 사람과는 반드시 동행했다. 그런데 베드로가 요한에 대하여 물어본 것은 아주 적절하였다. 예수님이 양을 맡기시려면 다른 제자도 함께 또는 고루고루 부르는 것이 옳다. 그런데 어찌하여 다른 제자들을 놔두고 베드로만 호명하는지 이해가 되지 않았을 것이다. 전처럼 요한과 야고보도 이름을 불렀어야 옳다고 생각했을 것이다. 경우가 바른 베드로가 그런 편애를 감당할 수 없었던 것은 정말 베드로다운 질문이다.

그런데 예수님의 깊은 뜻을 알지 못한 베드로에게 예수님은 진지한 답변을 하셨다. 그것이 '너하고 무슨 상관이 있다고 마음을 쓰느냐'는 것이었다. 예수님이 그 사람을 어떻게 하든 베드로가 궁금하다는 것은 옳지 않다. 누구라도 예수님의 의중을 탐색하려 하면 주님에 대한 불손이다. 자기에게 부탁한 막중한 일에 관심을 가져야 할 자리에서 남의 일을 들먹이면 곤란하다. 베드로는 당장 갈 길이 바쁘고 험난한데 필요 없는 부분에 신경을 쓰고 있었고 예수님은 그걸 지적하셨다.

   제자의 대다수가 한자리에 있었다. 그런 자리에서 유독 베드로 한 사람만 계속 호명되었다. 베드로 한 번, 야고보 한 번, 요한 한 번을 불러도 될 일이다. 베드로가 이해가 되지 않는다고 묻자 예수님이 결정적 암시를 준다. '너와 나 사이에 아무도 개입시키지 말고 너만 네 갈 길을 책임지라'고 하셨다.
   너와 나의 구도가 새 질서의 구도다. 예수님의 1기는 30년 사적생이었다. 예수님의 2기는 3년의 공적생이었다. 그리고 예수님의 3기는 부활 후 영원의 입문이다. 영원의 세계는 제3자가 있을 수 없다. 너와 나의 2자 구도다. 천국은 집단 구조가 아니다. 누구라도 주님과 1:1 관계 뿐이다. 만인 중에 단 한 명도 자기 권리가 없다. 그리고 뛰어난 사람은 존재할 수가 없다. 다만 주님께서 그 1과 다른 1들을 대우하시는 차이가 있을 뿐이다. 그런 것이 주권이 살아 있는 천국이다. 주님께서 베드로를 세 번 부르신 때가 바로 예수 3기를 출발하는 자리였다.

   모든 목회자들이 내 양을 먹이라는 그 명령과 무관하지 않은 자리에 있다. '네가 나를 사랑하느냐'라고 관계를 확인하시던 그 말씀과 그 현장이 곧 목회이다. '네가 나를 사랑하느냐'고 하신 그 물음에 답을 하면서 다른 관심을 끄고 진행하는 것이 목회이다.

종종 목회자들이 사랑의 혼란에 빠진다. 주님을 사랑하는 것과 사람을 사랑하는 경계를 모르고 시험에 빠진다. 주님의 사랑은 전심 전력을 다하는 것을 의미한다. 그러나 사람은 사랑하는 적정선이 있다. 그 선을 모르면 사랑은 벼랑이 되어 추락한다. 주님을 전적으로 사랑하면 곁길로 빠지는 외도를 하지 못한다. 때로는 주님보다 명예나 물질을 더 사랑하게 된다. 그것은 심성 문제가 아니라 습관 문제일 때가 가장 많다. 무슨 일이든지 관심을 산만하게 할 때 눈의 초점을 잃는다. 그렇다면 그 목회자는 불필요한 생각을 삼가해야 된다.

오늘 날 많은 교회가 협조보다 경쟁을, 신뢰보다 비교를 더 노골적으로 노출하는데, 이끄시는 그분만 바라보는 동안이 가장 안전함을 잊지 말아야 한다. 나는 다행하게도 누군가를 밀어내거나 제쳐본 적이 없다. 여러 교회를 들고 나면서 누구와도 경쟁을 하지 않았다.

외로운 터 밧모섬을 유배지에 내다 버린 작은 조각배에 실려 누가 죽이지 않아도 스스로 죽어갔어야 할 요한은 세상 모든 사람에게 잊혀진 존재였다. 죽으면 시신이라도 수습해 주라고 늙은 집사를 같이 태워서 보냈다. 언제 어디쯤에서 죽었는지 소식을 들은 사람은 없다. 이미 양식이 떨어지고 풍랑은 심한데 살아남을 가능성은 아주 희박했다. 모든 사람의 기억에서 사라진 요한은 곤하게 자고 있는 사이에 밧모섬에 도착하여 살아서 상륙했다. 그리고 그 섬에 찾아오신 살아계신 예수님의 거룩한 형상을 계시록을 통해 날마다 뵙는 행복을 누렸다. 어떤 말로도 설명하기 어렵다.

나는 밧모섬에 다녀와서 서로 맞서지 말고 다투지 말고 우기지 말고 주님 앞에설 때 쫄지 않고 당당해야 되겠다는 마음을 다졌다. 부디 평안과 사랑의 박동이 탄력 있게 하고 가슴 뛰게 하는 교회가 많이 늘었으면 좋겠다. 그리스도인들이 함께 노력하고 공부하면서 주님의 교회를 아름답게 가꾸는데 힘을 모으고 지혜를 모으고 마음을 모아야 할 때다.

나는 스승이 아니다. 예수님도 우리에게 스승이 되지 말라고 하셨다. 스승이 나쁜 자리라서가 아니다. 스승은 참 어렵고 힘든 자리다. 그리고 책임이 따른다. 제자가 잘못 되면 그 책임은 스승이 지게 되는 것이다. 그런 힘든 일은 주님이 지고 가시려고 우리를 면제했다.

사람은 스승이 되면 사람을 지배하려고 한다. 그러다가 욕심이 생기면 교만하게 되고 다른 사람 위에 서서 폭력도 불사한다. 그런 잘못된 근성이 늘어나면 안하무인이 되어 아무데도 쓸모 없는 폐인이 된다. 가장 비극이다. 항상 배우는 자세로 자기보다 남을 낫게 여기다 보면 모든 사람을 자기의 스승처럼 존경하게 된다. 그럴 때 상대방이 나를 신뢰하고 존경하는 것이다. 스스로 높아지려고 스승이 되겠다는 사람이 많이 있다. 더구나 교회에서 더 그렇다.

예수님은 또 지도자가 되지 말라고 하셨다. 지도자도 스승과 같다. 사람은 누구나 지도를 받아야 할 약자라 할 수 있다. 연약한 인간이 연약한 인간을 지도한다면 위험하게 될 수가 있다. 강하고 능력 있는 지도자라야 자격이 있다. 예수님은 스승도 지도자도 심지어 아비도 욕심내지 말라고 경고하셨다. 예수님 한 분만 우리의 스승이시고 우리의 지도자시고 우리의 책임자가 되어 주시겠다고 하셨다. 지도자를 믿고 가르침을 받으려면 그 분의 방침을 알아야 하고 따라야 한다. 그것이 자기 부인이라는 조건이다. 그분의 조건은 나의 지도를 따르고 나의 가르침을 받으려는 사람은 나를 따르는 자가 된다. 그를 따르려면 반듯이 자기 자신을 부인해야 한다. 즉 자기 개혁을 해야 한다. 의식, 생활, 관계를 그대로 두면 따를 수 없다. 그런 개혁에는 용기가 필요하다. 자신을 어린 아이로 낮추는 것이라고 생각하면 가장 쉽다. 아이처럼 따르고 아이처럼 배우며 아이처럼 느끼면서 살다보면 예수님의 친구가 되어 간다.

어머니 향기가 가득한 고향 집의 식구같이 편한 사이가 되기 마련이다.

※ 성경은 글로 기록된 하나님의 말씀이다. 그 말씀은 읽어서 이해되는 것이 아니다.
성경은 문자로만 공개 된 책이다. 하나님의 뜻은 숨겨진 책이다.